铁路物流知识问答

刘　军　孙继彤　冯智萍　李民红　李进红　编

中国铁道出版社有限公司

2024年·北　京

内 容 简 介

本书以问答形式，介绍了铁路物流相关知识，内容涵盖物流基础、物流包装、装卸搬运、仓储配送、货物运输作业、流通加工、客户服务、铁路物流信息系统、铁路物流总包、铁路物流金融服务、铁路现代物流体系建设。

本书可供铁路货运及物流相关从业人员学习参考。

图书在版编目（CIP）数据

铁路物流知识问答 / 刘军等编. -- 北京 ：中国铁道出版社有限公司，2024. 12. -- ISBN 978-7-113-31626-6

Ⅰ. U294.1-44

中国国家版本馆 CIP 数据核字第 2024W6D467 号

书　　名：铁路物流知识问答

作　　者：刘　军　孙继彤　冯智萍　李民红　李进红

责任编辑：李纯一　聂宏伟　　**编辑部电话：**（010）51873024

封面设计：刘　莎

责任校对：刘　畅

责任印制：高春晓

出版发行：中国铁道出版社有限公司（100054，北京市西城区右安门西街 8 号）

网　　址：https://www.tdpress.com

印　　刷：河北京平诚乾印刷有限公司

版　　次：2024 年 12 月第 1 版　2024 年 12 月第 1 次印刷

开　　本：880 mm×1 230 mm　1/32　**印张：**6　**字数：**155 千

书　　号：ISBN 978-7-113-31626-6

定　　价：30.00 元

前言

为全面落实国家《“十四五”现代物流发展规划》，更好地发挥铁路在综合交通运输体系和现代物流体系中的骨干作用，勇当服务和支撑中国式现代化的“火车头”，中国国家铁路集团有限公司做出加快铁路现代物流体系建设的决策部署，提出要对标国家现代物流发展规划和对从业人员的能力素质要求，加快铁路现代物流人才队伍建设。为帮助广大铁路货运、物流从业人员掌握铁路物流相关知识，我们编写了《铁路物流知识问答》。

本书在吸收国内外先进物流理念、技术和管理思想的基础上，以物流活动的基本职能、铁路货物运输及铁路现代物流体系建设相关规定为主要内容，以问答形式深入浅出地介绍了铁路物流运营管理相关知识，简明直观、通俗易懂，注重专业性、实用性和指导性。本书包括物流基础、物流包装、装卸搬运、仓储配送、货物运输作业、流通加工、客户服务、铁路物流信息系统、铁路物流总包、铁路物流金融服务、铁路现代物流体系建设十一章，可供铁路物流知识培训使用，也可供职工自学使用。

本书编写时间短，难免存在疏漏之处，欢迎读者朋友批评指正。

编　者

2024 年 11 月

目录

第一章　物流基础

第一节　物流术语

第二节　相关知识

第二章 物流包装

第三章 装卸搬运

第四章　仓储配送

第六章　流通加工

第七章 客户服务

第十章　铁路物流金融服务

第一章　物流基础

第一节　物流术语

1. 何谓物流?

答:物流是指根据实际需要,将运输、储存、装卸、搬运、包装、流通加工、配送、信息处理等基本功能有机结合,使物品从供应地向接收地进行实体流动的过程。

2. 何谓运输?

答:运输是指利用载运工具、人力等运力资源,使物品在较大空间上产生位置移动的活动。

3. 何谓储存?

答:储存是指贮藏、保护、管理物品。

4. 何谓装卸?

答:装卸是指在运输工具间或运输工具与存放场地(仓库)间,以人力或机械方式对物品进行载上载入或卸下卸出的作业过程。

5. 何谓搬运?

答:搬运是指在同一场所内,以人力或机械方式对物品进行空间移动的作业过程。

6. 何谓包装?

答:包装是为在流通过程中保护产品、方便储运、促进销售,按一定技术方法而采用的容器、材料及辅助物等的总体名称。

7. 何谓流通加工?

答:流通加工是指根据顾客的需要,在流通过程中对产品实施的简单加工作业活动的总称。

8. 何谓配送?

答:配送是指根据客户要求,对物品进行分类、拣选、集货、包装、组配等作业,并按时送达指定地点的物流活动。

9. 何谓物流信息?

答:物流信息是反映物流各种活动内容的知识、资料、图像、数据的总称。

10. 何谓物流服务?

答:物流服务是指为满足客户物流需求所实施的一系列物流活动过程及产生的结果。

11. 何谓一体化物流服务?

答:一体化物流服务是指根据客户物流需求所提供的全过程、多功能的物流服务。

12. 何谓物流企业?

答:物流企业是指从事物流基本功能范围内的物流业务设计及系统运作,具有与自身业务相适应的信息管理系统,实行独立核算、独立承担民事责任的经济组织。

13. 何谓物流联盟?

答:物流联盟是指两个或两个以上的经济组织为实现特定的物流目标而形成的长期联合与合作的组织形式。

14. 何谓物流外包？

答：物流外包是指企业将其部分或全部物流业务交由合作企业完成的物流运转模式。

15. 何谓供应链？

答：供应链是指生产及流通过程中，围绕核心企业的核心产品或服务，由所涉及的原材料供应商、制造商、分销商、零售商直到最终用户等形成的网链结构。

16. 何谓供应链管理？

答：供应链管理是指从供应链整体目标出发，对供应链中采购、生产、销售各环节的商流、物流、信息流及资金流进行统一计划、组织、协调、控制的活动和过程。

17. 何谓绿色物流？

答：绿色物流是指通过充分利用物流资源，采用先进的物流技术，合理规划和实施运输、储存、装卸、搬运、包装、流通加工、配送、信息处理等物流活动，降低物流活动对环境影响的过程。

18. 何谓智慧物流？

答：智慧物流是以物联网技术为基础，综合运用大数据、云计算、区块链及相关信息技术，通过全面感知、识别、跟踪物流作业状态，实现实时应对、智能优化决策的物流服务系统。

19. 何谓精益物流？

答：精益物流是指消除物流过程中的无效和非增值作业，用尽量少的投入满足客户需求，并获得高效率、高效益的物流活动。

20. 何谓企业物流？

答：企业物流是指生产和流通企业围绕其经营活动所发生的物流活动。

21. 何谓国际物流？

答：国际物流是指跨越不同国家（地区）之间的物流活动，即供应和需求分别处在不同的国家（地区）时，为了克服供需时间上和空间上的矛盾而发生的商品物质实体在国家（地区）与国家（地区）之间跨越边境的流动。

22. 何谓供应物流？

答：供应物流是指为生产企业提供原材料、零部件或其他物料时所发生的物流活动。

23. 何谓生产物流？

答：生产物流是指生产企业内部进行的涉及原材料、在制品、半成品、产成品等的物流活动。

24. 何谓销售物流？

答：销售物流是指企业在销售商品过程中所产生的物流活动。

25. 何谓应急物流？

答：应急物流是为应对突发事件提供应急生产物资、生活物资供应保障的物流活动。

26. 何谓废弃物物流？

答：废弃物物流是指将经济活动或人民生活中失去原有使用价值的物品，根据实际需要进行收集、分类、加工、包装、搬运、储存等，并分别送到专门处理场所的物流活动。

27. 何谓物流管理？

答：物流管理是指为达到既定的目标，从物流全过程出发，对相关物流活动进行的计划、组织、协调与控制。

28. 何谓物流成本？

答：物流成本是物流活动中所消耗的物化劳动和活劳动的货币表现。

29. 何谓运输包装？

答：运输包装又称工业包装，是以满足运输、仓储要求为主要目的的包装。

30. 何谓集装化？

答：集装化是用集装器具或采用捆扎方法，把物品组成标准规格的货物单元，以便进行装卸、搬运、储存、运输等物流活动的作业方式。

31. 何谓托盘？

答：托盘是在运输、搬运和存储过程中，将物品规整为货物单元时，作为承载面并包括承载面上辅助结构件的装置。

32. 何谓集装箱？

答：集装箱是指具有足够的强度和刚度，可长期反复使用的适用于多种运输工具而且容积在 1 m^3 以上（含 1 m^3）的集装单元器具。

33. 何谓集装箱标准箱？

答：集装箱标准箱指 ISO 体系中的 ICC 型集装箱，是钢制普通货物集装箱中有代表性的一种箱型，是以一个 20 英尺集装箱为标准的集装箱。

34. 何谓集装袋？

答：集装袋是指用柔性材料制成的袋式集装器具。

35. 何谓起重机械？

答：起重机械是一种以间歇作业方式对物品进行起升、下降和水平移动的搬运机械。

36. 何谓输送机？

答：输送机是按照规定路线连续地或间歇地运送散状物品或成件物品的搬运机械。

37. 何谓自动导引车？

答：自动导引车是在车体上装备有电磁学或光学等导引装置、计算机装置、安全保护装置，能够沿设定的路径自动行驶，具有物品移载功能的搬运车辆。

38. 何谓仓储？

答：仓储是指利用仓库及相关设施设备进行物品的入库、储存、出库的活动。

39. 何谓仓库？

答：仓库是用于储存、保管物品的建筑物和场所的总称。

40. 何谓自营仓库？

答：自营仓库是由企业或各类组织自主经营和自行管理，为自身的物品提供储存和保管的仓库。

41. 何谓公共仓库?

答:公共仓库是面向社会提供物品储存服务,并收取费用的仓库。

42. 何谓立体仓库?

答:立体仓库又称高层货架仓库,是采用高层货架,可借助机械化或自动化等手段立体储存物品的仓库。

43. 何谓库房?

答:库房是在仓库中,用于储存、保管物品的封闭式建筑物。

44. 何谓货场?

答:货场是指用于储存和保管货物、办理货物运输,并具有货物进出通道和装卸条件的场所。

45. 何谓称量装置?

答:称量装置是针对起重、运输、装卸、包装、配送以及生产过程中的物品实施重量检测的设备。

46. 何谓盘点?

答:盘点是对储存物品进行清点和账务核对的活动。

47. 何谓堆码?

答:堆码是将物品整齐、规则地摆放成货垛的作业。

48. 何谓货垛?

答:货垛是指按一定要求将货物堆码所形成的货物单元。

49. 何谓物流节点?

答:物流节点是指具有与所承担物流功能相配套的基础设施和所要求的物流运营能力相适应的运营体系的物流场所和组织。

50. 何谓物流中心?

答:物流中心是具有完善的物流设施及信息网络,可便捷地连接外部交通运输网络,物流功能健全,集聚辐射范围大,存储、吞吐能力强,为客户提供专业化公共物流服务的场所。

51. 何谓配送中心?

答:配送中心是指具有完善的配送基础设施和信息网络,可便捷地连接对外交通运输网络,并向末端客户提供短距离、小批量、多批次配送服务的专业化配送场所。

52. 何谓区域配送中心?

答:区域配送中心是指具有完善的配送基础设施和信息网络,可便捷地连接对外交通运输网络,配送及中转功能齐全,集聚辐射范围大,存储、吞吐能力强,向下游配送中心提供专业化统一配送服务的场所。

53. 何谓准时制配送?

答:准时制配送是将所需的货物在客户所指定的时间以指定的数量送达指定地点的配送方式。

54. 何谓即时配送?

答:即时配送是立即响应用户提出的即刻服务要求并且短时间内送达的配送方式。

55. 何谓发货人？

答：发货人是按运输合同将货物交付承运人运送的单位、个人或其受托人、代理人。

56. 何谓收货人？

答：收货人是由托运人或发货人指定，依据有关凭证与承运人交接并收取货物的当事人或其代理人。

57. 何谓托运人？

答：托运人是本人或者委托他人以本人名义与承运人订立货物运输合同，并向承运人支付相应费用的一方当事人。

58. 何谓承运人？

答：承运人是本人或者委托他人以本人名义与托运人订立货物运输合同并承担运输责任的当事人。

59. 何谓铁路专用线？

答：铁路专用线是与铁路运营网相衔接，为特定企业、单位或物流节点服务的铁路装卸线及其联结线。

60. 何谓整车运输？

答：整车运输是指一批属于同一发（收）货人的货物且其重量、体积、形状或性质需要以一辆（或多辆）货车单独装运，并据此办理承托手续、组织运送和计费的运输活动。

61. 何谓集装运输？

答：集装运输是使用集装器具或利用捆扎方法，把裸状物品、散状物品、体积较小的成件物品，组合为一定规格的集装单元进行运输的一种组织形式。

62. 何谓驮背运输？

答:驮背运输是将装有货物的道路运输车辆固定在铁路车辆上，并由铁路实现的运输活动。

63. 何谓班列？

答:班列是按照固定车次、线路、班期、全程运输时刻开行的铁路快运货物列车。

64. 何谓直达运输？

答:直达运输通常是货物由发运地到接收地，采用同一种运输方式、中途不需要中转的运输组织方式。

65. 何谓中转运输？

答:中转运输是指货物由发运地到接收地，中途经过至少一次落地、换装、铁路解编或公路甩挂的运输组织方式。

66. 何谓"门到门"运输？

答:"门到门"运输是指承运人在托运人指定的地点收取货物，负责将货物运抵收货人指定地点的一种运输服务方式。

67. 何谓带板运输？

答:带板运输是将货物按照一定规则，合理码放到标准托盘上并整合为标准化物流单元，进而开展装卸、搬运、运输、配送等作业的一种运输活动。

68. 何谓甩挂运输？

答:甩挂运输是指用牵引车拖带挂车至物流节点，将挂车甩下后，牵引另一挂车继续作业的运输组织方式。

69. 何谓集货？

答：集货是指将分散的或小批量的货物集中起来，以便进行运输、配送的活动。

70. 何谓分拣？

答：分拣是将物品按一定目的进行分类、拣选的相关作业。

71. 何谓组配货？

答：组配货是根据客户、流向及品类，对货物进行组合、配货，以便合理安排装载的活动。

72. 何谓配载？

答：配载是根据载运工具和待运物品的实际情况，确定应装运货物的品种、数量、体积及其在载运工具上的位置的活动。

73. 何谓物品标识编码？

答：物品标识编码是赋予物品的身份标识的编码，用以唯一标识某类、某种或某个物品。

74. 何谓物流管理信息系统？

答：物流管理信息系统是指通过对物流相关信息的收集、存储、加工、处理以便，实现物流的有效控制和管理，并提供决策支持的人机系统。

75. 何谓仓库管理系统？

答：仓库管理系统是对物品入库、出库、盘点及其他相关仓库作业，仓储设施与设备，库区库位等实施全面管理的计算机信息系统。

76. 何谓运输管理系统？

答：运输管理系统是在运输作业过程中，进行配载作业、调度分配、线路规划、行车管理等多项任务管理的系统。

77. 何谓快速反应？

答：快速反应是指供应链成员企业之间建立战略合作伙伴关系，利用电子数据交换（EDI）等信息技术进行信息交换与信息共享，用高频率小批量配送方式补货，以实现缩短交货周期、减少库存、提高顾客服务水平和企业竞争力为目的的一种供应链管理策略。

78. 何谓物流园区？

答：物流园区是由政府规划并由统一主体管理，为众多企业在此设立配送中心或区域配送中心等，提供专业化物流基础设施和公共服务的物流产业集聚区。

79. 何谓物流枢纽？

答：物流枢纽是具备较大规模配套的专业物流基础设施和完善的信息网络，通过多种运输方式便捷地连接外部交通运输网络，物流功能和服务体系完善并集中实现货物集散、存储、分拨、转运等多种功能，辐射较大范围物流网络的公共物流节点。

80. 何谓口岸？

答：口岸指经政府批准设置的供人员、货物和交通工具直接出入国（关、边）境的港口、机场、车站、跨境通道等。

81. 何谓港口?

答:港口是位于江、河、湖、海或水库等沿岸,由一定范围的水域和陆域组成且具有相应的设施设备和条件开展船舶进出、停靠,货物运输、物流等相关业务的区域。

82. 何谓国际多式联运?

答:国际多式联运是指按照多式联运合同,以至少两种不同的运输方式,由多式联运经营人将货物从一国境内的接管地点运至另一国境内指定交付地点的货物运输方式。

83. 何谓国际铁路联运?

答:国际铁路联运是指使用一份统一的国际铁路联运票据,由跨国铁路承运人办理两国或两国以上铁路的全程运输,并承担运输责任的一种连贯运输方式。

84. 何谓自由贸易试验区?

答:自由贸易试验区又称自由港、自由口岸等,是指在主权国家或地区的关境内,设立的以贸易投资便利化和货物自由进出为主要目的的特定区域。

85. 何谓保税港区?

答:保税港区是经政府批准,设立在国家对外开放的口岸港区和与之相连的特定区域内,具有口岸、物流、加工等功能的海关特殊监管区域。

86. 何谓保税物流园区?

答:保税物流园区指经政府批准,在保税区规划面积或者毗邻保税区的特定港区内设立的、专门发展现代国际物流业的海关特殊监管区域。

87. 何谓海关监管货物?

答:海关监管货物是指在海关监管区域内接受海关监管的货物,包括已进境但未办结海关手续的进口货物,已向海关申报但还未出境的出口货物,已进境但还未出境的过境、转运和通运货物,以及其他尚未办结海关手续的进出境货物。

88. 何谓通运货物?

答:通运货物是指由境外启运,经船舶或航空器载运入境后,仍由原载运工具继续运往境外的货物。

89. 何谓转运货物?

答:转运货物是指由境外启运,到我国境内设关地点换装运输工具后,不通过我国境内陆路运输,再继续运往境外的货物。

90. 何谓过境货物?

答:过境货物是指由境外启运,通过境内的陆路运输继续运往境外的货物。

91. 何谓中欧班列?

答:中欧班列是按照固定车次、线路、班期和全程运行时刻开行,运行于中国与欧洲国家以及“一带一路”共建国家间的集装箱等铁路国际联运列车。

92. 何谓大陆桥运输?

答:大陆桥运输是指用横贯大陆的铁路或公路作为中间桥梁,将大陆两端的海洋运输连接起来的连贯运输方式。

93. 何谓海外仓?

答:海外仓是国内企业在境外设立,面向所在国家或地区市场客户,就近提供进出口货物集并、仓储、分拣、包装和配送等服务的仓储设施。

94. 何谓第三方物流?

答:第三方物流是指由独立于物流服务供需双方之外且为以物流服务为主营业务的组织提供物流服务的模式。

95. 何谓物流增值服务?

答:物流增值服务是指在完成物流基本功能的基础上,根据客户需求提供的各种延伸业务活动。

第二节　相关知识

1. 简述物流在微观经济运行中的作用。

答:(1)物流是企业生产连续进行的前提条件。
(2)物流是实现商品价值和使用价值的条件。
(3)物流是保证商流顺畅进行的物质基础。
(4)物流信息是企业经营决策的重要依据。
(5)物流能够增强企业竞争力,实现企业战略。

2. 何谓现代物流?

答:现代物流是根据客户的要求,以最经济的费用,将物资从供给地向需求地转移的过程,它主要包括运输、储存、加工、包装、装卸、配送和信息处理等活动。

3. 传统物流与现代物流的区别主要表现在哪些方面?

答:(1)传统物流只提供简单的位移,现代物流则提供增值服务。

(2)传统物流是被动服务,现代物流是主动服务。

(3)传统物流实行人工控制,现代物流实施信息管理。

(4)传统物流无统一服务标准,现代物流实施标准化服务。

(5)传统物流侧重点到点或线到线服务,现代物流构建全球服务网络。

(6)传统物流是单一环节的管理,现代物流是整体系统优化。

4. 简述现代物流管理的特征。

答:(1)现代物流管理以实现顾客满意为第一目标。

(2)现代物流管理以企业整体最优为目的。

(3)现代物流管理注重整个流通渠道的商品运动。

(4)现代物流管理既重视效率也重视效果。

(5)现代物流管理是对商品运动的全过程管理。

(6)现代物流管理以信息管理为中心。

5. 简述物流活动的构成。

答:物流活动由物资包装、装卸和搬运、运输、储存、流通加工、配送、物流信息等七项工作构成。

6. 按照物流活动的空间范围分类,物流分为哪几类?

答:按照物流活动的空间范围,物流分为企业物流、城市物流、区域物流、国民经济物流和国际物流。

7. 按照物流的作用分类,物流分为哪几类?

答:按照物流的作用,物流分为供应物流、生产物流、销售物流、回收物流和废弃物物流五类。

8. 物流业从大行业角度如何分类?

答:(1)交通运输业。交通运输业不但包括各种不同运输形式的小行业,还包含为主体交通运输起支撑、保证、衔接作用的许多行业,交通运输业本身便是一种综合若干小行业的大行业,是物流业的主体行业。

(2)储运业。储运业是以储存物资为主体的兼有多种职能的行业,既包含若干小储存行业,也包括某些和储存联系密切的运输业。

(3)通运业。通运业是国外物流业中的主要行业之一,是货主和运输业之外的第三者从事托运和货运代理的行业。

(4)配送业。配送业是以配送为主体的各类行业。

9. 简述我国主要的物流产业类型。

答:我国主要的物流产业类型如下。

(1)铁道运输业:在物流领域具体指铁道货运业,这一行业包括与铁道运输有关的装卸、储运、小搬运等,在物流概念中属于运输范畴的活动。

(2)汽车货运业:在我国,汽车货运业分为特殊汽车货运业和一般汽车货运业。

(3)远洋货运业:从事海上长途运输的船运行业,即一般所称的海运业。

(4)沿海船运业:主要从事近海沿海的海运行业。

(5)内河船运业:在内河水道从事船舶货运的行业。

(6)航空货运业。

(7)集装箱联运业。

(8)仓库业:以仓库存货为主体的行业,包括代存、代储、自储等。

(9)中转储运业:以中转货物为主的仓储业。

(10)托运业:以代办各种小量、零担运输及代包装为主体的行业。

(11)运输代办业:以代办大规模、大批量货物运输为主体的行业。

(12)起重装卸业:以大件、笨重货物装卸、安装及搬运为主体的行业。

(13)快递业:以承接并组织快运快送服务为主体的行业。

(14)拆船业:以拆船加工为主体的“再生资源物流”行业。

(15)拆车业:以拆解汽车为主体的行业。

(16)集装箱租赁业:专门从事集装箱出租的行业。

(17)托盘联营业:组织托盘出租、交换等业务的行业。

10. 何谓物流工程?

答:物流工程指在物流管理中,从物流系统整体出发,把物流、信息流融为一体,把生产、流通和消费全过程看作一个整体,运用系统工程的理论和方法进行物流系统的规划、管理、控制,选择最优方案,以低的物流费用、高的物流效率、好的客户服务,实现提高社会经济效益和企业经济效益目标的综合性组织管理活动过程。

11. 物流节点的特点有哪些?

答:(1)物流节点是大批量货物的物流储运、集散场所。

(2)物流节点是物流作业活动和工作量集中的地方。

(3)物流节点设施建设费用高,需要较大的投资。

(4)物流节点运行费用高,而且运行时间持续。

(5)物流节点关系到地区的经济发展和生态环境。

12. 简述物流节点的功能。

答:总的来说,物流节点一般至少具有以下四大基本功能。

(1)物流处理功能。物流节点是完成各种物流功能、提供物流服务的重要场所。

(2)衔接功能。物流节点使各种物流活动通过物流节点的整合实现无缝链接。

(3)信息功能。物流节点是整个网络物流信息收集、处理、传递的集中地。

(4)管理功能。物流节点是集管理调度、信息和物流处理于一体的物流综合设施,整个物流系统运转的有序化、合理化、效率化都取决于物流节点的管理水平。

13. 按照物流节点的功能进行划分,物流节点可分为哪几类?

答:(1)转运型节点。它是以接连不同运输方式为主要职能的节点。例如,铁道运输线上的货运站,不同运输方式之间的转运站、终点站,水运线上的港口、码头,空运中的空港等都属于此类节点。

(2)储存型节点。它主要包括储备仓库、中转仓库、营业仓库、货栈等,是以存放货物为主要职能的节点。

(3)流通型节点。它是以组织物资在系统中运动为主要职能的节点,流通仓库、流通中心、配送中心都属于这类节点。

(4)综合型节点。它是在一个节点上集中实现两种以上节点功能并且各功能并非独立运作,而是将若干功能有机集合于一体,相互配合,共同协作,形成有效链接和充分协调的集约型节点。

14. 何谓综合运输体系?

答:综合运输体系是指各种运输方式在社会化的运输范围内和统一的运输过程中,按其技术经济特点组成分工协作、有机结合、连续贯通、布局合理的交通运输综合体。

15. 简述物流中心的功能。

答:(1)基本功能。基本功能主要指的是运输、储存、装卸、包装、流通加工、信息处理与传递等功能。

(2)延伸功能。延伸功能包括结算功能、需求预测功能、教育培训功能等。

16. 简述物流园区的功能。

答:(1)物资集散功能;

(2)存储保管功能;

(3)中转和衔接功能;

(4)流通加工功能;

(5)配送功能;

(6)信息咨询功能;

(7)辅助功能。

17. 物流管理有哪几个阶段?每个阶段的主要内容是什么?

答:物流管理按管理进行的顺序可以划分为三个阶段,即计划阶段、实施阶段和评价阶段。

(1)物流计划阶段的管理

①物流计划要确定物流所要达到的目标,以及为实现这个目标所进行的各项工作的先后次序。

②要分析在实现物流目标的过程中可能受到的各种外界影响,尤其是不利因素,并确定应对这些不利因素的对策。

③决定实现物流目标的人力、物力、财力的具体措施。

(2)物流实施阶段的管理

①对物流活动的组织和指挥。

②对物流活动的监督和检查。

③对物流活动的调节。

(3)物流评价阶段的管理

在一定时期内,人们对物流实施后的结果与原计划的物流目标进行对照、分析。

18. 从物流活动要素的角度分析,企业物流管理包括哪些内容?

答:(1)运输管理。主要包括运输方式及服务方式的选择,运输路线的选择,车辆调度与组织等。

(2)储存管理。主要包括原料、半成品和成品的储存策略,储存统计,库存控制,养护等。

(3)装卸搬运管理。主要包括装卸搬运系统的设计、设备规划与配置和作业组织等。

(4)包装管理。主要包括包装容器和包装材料的选择与设计,包装技术和方法的改进,包装系列化、标准化、自动化等。

(5)流通加工管理。主要包括加工场所的选定,加工机械的配置,加工技术与方法的研究和改进,加工作业流程的制定与优化。

(6)配送管理。主要包括配送中心选址及优化布局,配送机械的合理配置与调度,配送作业流程的制定与优化。

(7)物流信息管理。主要包括对反映物流活动内容、物流要求、物流作用和物流特点的信息所进行的收集、加工、处理、存储和传输等。

(8)客户服务管理。主要包括对于物流活动相关服务的组织和监督,如调查和分析客户对物流活动的反馈,决定客户所需要的服务水平、服务项目等。

19. 从物流系统的角度分析,企业物流管理包括哪些内容?

答:(1)人的管理。主要包括物流从业人员的选拔和录用,物流专业人才的培训,物流教育和物流人才培养规划与措施的制定等。

(2)物的管理。主要包括物的运输、储存、包装、流通加工等。

(3)财的管理。主要包括物流成本的计算与控制,物流经济效益指标体系的建立,资金的筹措与运用,提高经济效益的方法等。

(4)设备管理。主要包括各种物流设备的选型与优化配置,各种设备的合理使用和更新改造，各种设备的研制、开发与引进等。

(5)方法管理。主要包括推广普及、现代管理方法的应用等。

(6)信息管理。主要包括有效地处理并及时传输物流信息。

20. 从职能的角度分析，企业物流管理包括哪些内容？

答：(1)物流计划管理。具体体现在物流系统内各种计划的编制、执行、修正及监督的全过程。物流计划管理是物流管理工作最重要的职能。

(2)物流质量管理。包括物流服务质量、物流工作质量、物流工程质量等管理。物流质量管理是物流管理工作的中心问题。

(3)物流技术管理。对物流硬技术的管理，就是对物流基础设施和物流设备的管理，如物流设施的规划、建设、维修、运用，物流设备的购置、安装、使用、维修和更新，物流设备利用效率的提高，工具的日常管理等。对物流软技术的管理，主要包括物流各种专业技术的开发、推广和引进，物流作业流程的制定，技术情报和技术文件的管理，以及物流技术人员的培训等。物流技术管理是物流管理工作的依托。

(4)物流经济管理。它包括物流费用的计算和控制，物流劳务价格的确定和管理，以及物流活动的经济核算、分析等。物流经济管理的核心是成本费用管理。

21. 物流增值服务可从哪些方面展开？

答：(1)增加便利性的服务。例如，推行一条龙“门到门”服务、提供完备的操作或作业提示、免费培训、维护、省力化设计或安装、代办业务、24小时营业、自动订货、传递信息和转账、物流全过程追踪等都是对客户有用的增值性服务。

(2)加快反应速度的服务。一是速度保障途径，即通过提高运输基础设施和设备的效率来实现。二是实施以时间为核心的、基于准时化理念的增值性物流服务方案。

(3)降低成本的服务。主要思路有:一是提高物流运作的效率和效益,如降低直接的运输及配送费用、实施"零库存"等;二是降低风险成本;三是优化资金流,提高企业的资金效率。

(4)延伸性服务。向上可以延伸到市场调查与预测、采购及订单处理;向下可以延伸到物流咨询、物流系统设计、物流方案的规划与选择、库存控制决策建议、货款回收与结算、教育与培训等。

22. 简述绿色物流的构成。

答:绿色物流由绿色运输、绿色包装及绿色流通加工三个子范畴组成。

(1)绿色运输。绿色运输是指各种运输工具采用节约资源、减少污染和保护环境的原料作为动力。

(2)绿色包装。绿色包装指采用节约资源、保护环境的包装。

(3)绿色流通加工。绿色流通加工的途径主要分两个方面:一方面变消费者分散加工为专业集中加工,以规模作业方式提高资源利用效率,以减少环境污染;另一方面是集中处理消费品加工中产生的边角料,以减少消费者分散加工所造成的废弃物污染。

23. 与传统物流相比,绿色物流具有哪些特点?

答:与传统物流相比,绿色物流在理论基础、行为主体、活动范围及其最终目标四个方面都有自身显著的特点。

(1)绿色物流的理论基础更广,包括可持续发展理论、生态经济学理论、生态伦理学理论等。

(2)绿色物流的行为主体更多,不仅包括专业的物流企业,还包括产品供应链上的制造企业和分销企业,同时还包括不同级别的政府和物流行政主管部门等。

(3)绿色物流的活动范围更广,不仅包括商品生产的绿色化,还包括物流作业环节和物流管理全过程的绿色化。

(4)绿色物流的最终目标是可持续发展,实现该目标的准则不仅仅是经济利益，还包括社会利益和环境利益，并且是这些利益的统一。

24. 何谓电子商务物流系统？

答：电子商务物流系统是指通过应用条形码、GPS（全球定位系统）、GIS（地理信息系统）等信息采集技术和WMS（仓库管理系统）、TMS（运输管理系统）等信息管理系统，整合仓储网络、运输网络、配送网络资源，以数据驱动物流功能要素的集约，共同协作，低成本、高效率地为电子商务活动提供物流服务的系统。

25. 简述电子商务物流的特点。

答：由于电子商务与传统商务活动相比较，有交易虚拟性、突破时空限制、方便的特点，从而使得与其相适应的电子商务物流具备了一系列新的特点，即信息化、自动化、网络化、智能化、柔性化。

另外，物流设施、商品包装的标准化，物流的社会化、共同化也都是电子商务下物流模式的新特点。

26. 简述智慧物流的特点。

答：（1）互联互通，数据驱动。所有物流要素实现互联互通，一切业务数字化，实现物流系统全过程透明、可追溯；一切数据业务化，以数据驱动决策与执行，为物流生态系统赋能。

（2）深度协同，高效执行。跨集团、跨企业、跨组织之间深度协同，基于物流系统全局优化的智能算法，调度整个物流系统中各参与方高效分工协作。

（3）自主决策，学习提升。软件定义物流实现自主决策，推动物流系统程控化和自动化发展；通过大数据、云计算与人工智能构建物流大脑，在感知中决策，在执行中学习，在学习中优化，在物流实际运作中不断升级，学习提升。

27. 简述智慧物流的基本功能。

答:(1)感知功能。运用各种先进技术获取运输、仓储、包装、装卸搬运、流通加工、配送、信息服务等各个环节的大量信息;实现实时数据收集,使各方能准确掌握货物、车辆和仓库等信息。

(2)规整功能。继感知之后把采集的信息通过网络传输到数据中心,用于数据归档;建立强大的数据库,分门别类后加入新数据,使各类数据按要求规整,实现数据的联系性、开放性及动态性;并通过对数据和流程的标准化,推进跨网络的系统整合。

(3)智能分析功能。运用智能的模拟器模型等手段分析物流问题;根据问题提出的假设,在实践过程中不断验证问题,发现新问题,做到理论与实践相结合;在运行中,系统会自行调用原有经验数据,随时发现物流作业活动中的漏洞或者薄弱环节。

(4)优化决策功能。结合特定需要,根据不同的情况评估成本、时间、质量、服务、碳排放和其他标准;评估基于概率的风险,进行预测分析,提出最合理有效的解决方案。

(5)系统支持功能。系统智慧集中表现于智慧物流并不是各个环节各自独立、毫不相关的物流系统,而是每个环节彼此联系的有机体。智慧物流能优化资源配置,为物流各个环节提供强大的系统支持,使得各环节协作、协调、协同。

(6)自动修正功能。在上述各个功能的基础上,按照最有效的解决方案,系统自动遵循最快捷有效的路线运行;并在发现问题后自动修正,备用在案,方便日后查询。

(7)及时反馈功能。智慧物流是一个实时更新的系统,反馈是实现系统修正、系统完善必不可少的环节。反馈贯穿于智慧物流的每一个环节,为物流相关从业者了解物流运行情况、及时解决系统问题提供了强大的保障。

28. 简述我国智慧物流的发展现状。

答:(1)物流互联网逐步形成。随着移动互联网的快速发展,我国大量物流设施通过传感器接入互联网。

(2)物流大数据得到应用。物流运行产生了大量的业务数据,使得物流大数据从理念变为现实。

(3)物流云服务提供保障。依托基于大数据和云计算能力的物流云来高效地整合、管理和调度资源,并为各个参与方按需提供信息系统及算法应用服务。

(4)协同共享助推模式创新。智慧物流的核心是协同共享,该理念通过分享使用权而不占有所有权,从而打破了传统企业边界,深化了企业分工协作,实现了存量资源的社会化转变和闲置资源的最大化利用。

(5)人工智能技术在物流中广泛应用。以人工智能为代表的物流技术服务迎合了物流企业应用物流信息化、自动化和智能化技术实现物流作业高效率、低成本的迫切需求。

29. 第三方物流为什么通常被称为契约物流或物流联盟?其具体包括哪些内容?

答:第三方物流通常又被称为契约物流或物流联盟,是指从生产到销售的整个流通过程中提供物流服务的第三方,它本身不拥有商品,而是通过签订合作协定或结成合作联盟,在特定的时间段内按照特定的价格向客户提供个性化的物流代理服务。其具体内容包括商品运输、储存配送及其他附加的增值服务等。

30. 简述第三方物流的优势。

答:(1)企业集中精力于核心业务。

(2)灵活运用新技术,实现以信息换库存,降低成本。

(3)减少固定资产投资，加速资本周转。

(4)提供灵活多样的客户服务，为客户创造更多的价值。

31. 精益物流的基本原则是什么？

答：(1)从客户的角度而不是从企业或职能部门的角度来研究什么可以产生价值。

(2)按整个价值流确定供应、生产和配送产品中所有必需的步骤和活动。

(3)创造无中断、无绕道、无等待、无回流的增值活动流。

(4)及时创造仅由客户拉动的价值。

(5)不断消除浪费，追求完善。

32. 何谓物联网技术？应用物联网技术有何作用？

答：物联网技术是以互联网为基础发展起来的新兴技术，在当今的智慧物流行业中应用十分广泛，能够对物品进行智能识别定位、跟踪和管理。具体来看，通过有线和无线的信息网络，处于物流状态的货物信息在网络中实现状态同步，并通过可靠实时的信息共享，企业、用户之间的物流信息得以同步，有效地实现了物流产业和其他产业的沟通与融合，逐步形成了一体化服务，满足了顾客的多元化需求。

33. 简述物流数字化的内涵。

答：物流数字化是指在仿真和虚拟现实、计算智能、计算机网络、数据库、多媒体和信息等支撑技术的支持下，应用数字技术对物流所涉及的对象和活动进行表达、处理和控制，具有信息化、网络化、智能化、集成化和可视化等特征的技术系统。

34. 简述冷链物流的概念及特点。

答：冷链物流，是指以冷冻工艺为基础，以制冷技术和蓄冷技术为手段,使冷链物品从生产、流通、销售到消费者的供应链各环节中始终处于规定的温度环境下,以保证冷链物品品质,减少冷链物品损耗的物流活动。

冷链物流的特点有:

(1)时效性。由于冷链物流承载的产品一般为易腐或不易储藏的物品,因此要求冷链物流在规定的温度环境下,以较短的时间完成整个物流过程,以保证产品从生产加工、储存、运输到销售的整个过程保持冷链物品的质量和品质特性。

(2)复杂性。与常温物流相比,冷链物流涉及制冷技术、保温技术、温湿度检测、信息系统和产品变化机理研究等技术,有的产品甚至涉及法律法规的约束。

(3)资产专用性。冷链物品从生产加工、储存、运输到配送的各个环节都要有特殊的冷藏设施设备,所以,冷链物流系统投入高且资产专用性强。

35. 冷链物流的适用范围主要包括哪些?

答:冷链物流的主要适用范围如下。

(1)初级农产品:蔬菜、水果;肉、禽、蛋;水产品、花卉产品。

(2)加工食品:速冻食品、禽、肉、水产、包装熟食、冰淇淋和奶制品、巧克力、快餐原料。

(3)特殊商品:化工产品、医药用品、生物制品等。

36. 简述应急物流的特点。

答:(1)突发性和不可预知性;

(2)应急物流需求的随机性;

(3)时间约束的紧迫性;

(4)峰值性;

(5)弱经济性;

(6)非常规性;

(7)政府与市场的共同参与性。

37. 应急物流系统的运行机制包括哪些内容?

答:(1)监测预警机制;
(2)全民动员机制;
(3)政府协调机制;
(4)法律保障机制;
(5)"绿色通道"机制;
(6)应急报告与信息公布机制。

38. 简述供应链管理的基本理念。

答:供应链管理的基本理念是在满足期望的服务水平的同时,使系统在成本最小的目标下把供应商、制造商、分销商、仓库、零售商和客户有效地结合成一体来生产商品,并将正确数量的商品在正确的时间送达正确的地点。

39. 简述供应链管理的具体目标。

答:(1)总成本最小化。总成本最小化并不是指运输费用或库存成本,或其他任何单一供应链物流运作与管理活动的成本最小化,而是整个供应链运作与管理过程的成本总和最小化。

(2)客户服务最优化。供应链管理的实施目标之一,就是通过上下游企业协调一致的运作,保证达到令客户满意的服务水平,吸引并留住客户,最终实现企业价值的最大化。

(3)总库存成本最小化。按照准时化生产管理思想,库存是不确定性的产物,任何库存都是浪费。因此,供应链管理目标之一是使整个供应链的库存控制在最低的程度。

(4)总周期时间最短化。供应链之间的竞争实质上是时间竞争,即必须实现快速有效的客户反应,最大限度地缩短从客户发出订单到获取满意交货的整个供应链的总周期时间。

(5)物流质量最优化。达到与保持物流服务质量水平,也是供应链管理的重要目标。而这一目标的实现,必须从原材料、零部件供应的零缺陷开始,直至供应链管理全过程、全方位质量的最优化。

40. 在选择物流服务时,一般考虑哪些因素?

答:(1)物流价格;

(2)企业的经济效益;

(3)物流需求者的行为信心;

(4)物流形态的变化;

(5)物流服务质量。

41. 从物流费用支出的形式看,物流成本是由哪几个方面构成的?

答:(1)从事物流工作人员的工资、奖金及各种形式的补贴等。

(2)物流过程中的物质消耗,如固定资产的磨损,包装材料、电力、燃料消耗等。

(3)物资在保管、运输等过程中的合理损耗。

(4)用于保证物流顺畅的资金成本,如支付银行贷款的利息等。

(5)在组织物流的过程中发生的其他费用,如差旅费、办公费等。

42. 铁路车站应如何分类?

答:车站按技术作业分为编组站、区段站、中间站,按业务性质分为营业站、非营业站,营业站又可分为客运站、货运站、客货运站。

43. 办理货运业务的车站,应设有哪些设备?

答:办理货运业务的车站,应设有办理托运、检斤、制票、收款、问询、交付等作业的必要设备，并应根据需要设有货物站台、仓库及货位、堆场、集装箱装卸场地、雨棚、排水、消防、照明、通路及围墙、货运安全检测及防护、视频集中监控、信息化系统等设备。

第二章　物流包装

1. 何谓包装标记?

答:包装标记是根据物资本身的特征用文字和阿拉伯数字等在包装上标明规定的记号。

2. 何谓包装标志?

答:包装标志是用来指明被包装物资的性质和物流活动安全,以及出于理货分运的需要而进行的文字和图像的说明。

3. 何谓指示标志?

答:指示标志用来指示运输、装卸、保管人员在作业时需注意的事项,以保证物资的安全,这种标志主要表示物资的性质,物资堆放、开启、吊运等方法。

4. 何谓危险品标志?

答:危险品标志是用来表示危险品的物理、化学性质,以及危险程度的标志。它可提醒人们在运输、储存、保管、搬运等活动中应注意的事项。

5. 何谓集合包装?

答:集合包装就是将若干相同或不同的包装单位汇集起来,最后包装成一个更大的包装单位或装入一个更大的包装容器内的包装形式。

6. 何谓集装化运输?

答:集装化运输指使用集装用具或自货包装、捆扎等方法,将散装、小件包装、不易使用装卸机械作业的货物,按规定集装成特定的单元后进行的运输方式。

7. 何谓集装化用具？常用的集装化用具有哪些？

答：集装化用具指用于集装货物、便于机械作业的箱、盘、笼、袋等用具。物流中常用的集装化用具主要有托盘、集装笼、集装袋、集装网等，集装箱也是范围扩大了的集装化用具。

8. 何谓货捆？货捆主要用于装载哪些货物？

答：货捆是采用各种材料的绳索，将货物进行多种形式的捆扎，使若干件货物汇集成一个单元的集装化方法。货捆主要用于装载木材、钢材、塑料管、毛竹等无包装、不捆扎的长型裸件货物。

9. 何谓框架？框架可以装载哪些货物？

答：框架是一种可以根据货物的外形特征选择或特制各种形式的集装框和集装架，以适用于货物的集装方法。框架可以集装易变形的长件产品及玻璃、陶瓷等易碎产品。

10. 何谓混装运输？

答：混装运输是小件货物运输的一种装载情况。一般可将到达同一地点的若干小件物资装在一个货车上。不同的物资分装在同一个集装箱中也属于混装运输。

11. 简述包装的功能。

答：(1)保护功能

①防止物资的破损变形；

②防止物资发生化学变化；

③防止有害生物对物资的影响；

④防止异物混入、污物污染、丢失、散失。

(2)方便功能

①方便物资的装卸搬运；

②方便物资的运输；

③方便商品的储存。

(3)促销功能

美观的包装能美化商品、宣传商品、刺激消费者的购买欲望，起到促进销售的作用。

12. 包装按不同分类方式的分类都有哪些？请简述具体分类。

答：包装的不同分类方式如下。

(1)按包装功能分类：①工业包装；②商业包装。

(2)按包装层次分类：①个包装；②中包装(内包装)；③外包装(运输包装或大包装)。

(3)按包装使用范围分类：①专用包装；②通用包装。

(4)按包装使用次数分类：①一次用包装；②多次用包装；③周转用包装。

(5)包装的其他分类方法。按运输方式，包装可分为铁路货物包装、卡车货物包装、船舶货物包装、航空货物包装及零担包装和集合包装等。按包装防护目的，包装可分为防潮包装、防锈包装、防霉包装、防振包装、防水包装、遮光包装、防热包装、真空包装、危险品包装等。按包装操作方法，包装可分为罐装包装、捆扎包装、裹包包装、收缩包装和缠绕包装等。

13. 简述金属包装材料的优缺点。

答：金属用于包装的优点如下。

(1)强度高，有良好的综合保护性能。

(2)有特殊的光泽，便于印刷、装饰。

(3)加工性能好。

(4)易于再生使用。

缺点：成本高，流通中易变形、生锈，并且金属用作食品包装时，金属及焊料中的铅、砷等易渗入食品中，污染食品。

20. 产品包装的一般技术要求有哪些?

答:(1)对内装物进行合理置放、固定。

(2)对松泡产品进行压缩。

(3)合理选择包装的形状尺寸。

(4)包装外的捆扎。

21. 包装主要的特殊技法都有哪些?

答:(1)防振保护技术;

(2)防破损保护技术;

(3)防锈包装技术;

(4)防霉腐包装技术;

(5)防虫包装技术;

(6)危险品包装技术。

22. 何谓包装容器,其主要类别是什么?

答:包装容器一般是为了满足内装商品的销售、仓储和运输过程要求而使用的包装制品,是包装材料、包装工艺、包装结构、包装造型以及包装标识的综合产物。包装容器一般分为包装袋、包装盒、包装箱、包装桶等。

23. 集装化用具应符合哪些基本条件?

答:(1)具有足够的强度、刚度。

(2)能充分利用货车容积和载重力。

(3)循环使用的用具能够拆解、折叠或套装,便于回送。

24. 集装箱是具有哪些条件的运输设备?

答:(1)具有足够的强度和刚度,在有效使用期内可以反复使用。

(2)适用于一种或多种运输方式运送货物,途中无需倒装。

(3)设有供快速装卸的装置,便于从一种运输方式转到另一种运输方式。

(4)便于箱内货物装满和卸空。

(5)内容积不小于 1 m^3。

集装箱不包括车辆和一般包装。

25. 集装箱箱体上应有哪些标记和标志?

答:集装箱应按规定涂打标记和标志,具有集装箱检验单位徽记、国际集装箱安全公约(CSC)安全合格牌照、国际铁路联盟(UIC)标记,标有定期检验日期或连续检验计划标记。

26. 集装箱中心站应配有哪些设施、设备及系统?

答:集装箱中心站,应按整列装车的要求设置线路有效长及配套设施。根据需要设置集装箱装卸、储存、称重、交付、检修、清洗、多式联运、综合物流等设备及信息管理系统。

27. 简述托盘的分类。

答:托盘的不同分类如下。

(1)按托盘的结构分类:①平板式托盘;②箱式托盘;③立柱式托盘。

(2)按托盘的实际操作和运用分类:①双向插入型托盘;②四个插入型托盘。

(3)按托盘的材质分类:可分为木托盘、钢托盘、铝托盘、纸托盘、塑料托盘和复合材料托盘等。

(4)按托盘的负载重量分类:可分为 0.5 t 托盘、1 t 托盘、2 t 托盘等。

28. 简述集装袋按商品种类不同划分的用途。

答:(1)盛装食品,如面粉、食糖、淀粉、食盐、大米、玉米、豆类等。

(2)盛装矿砂,如白云石烧结块、重烧菱苦土、萤石粉、水泥、黏土、石膏等。

(3)盛装化工原料和产品,如硫酸铵、尿素、硝酸铵、化肥、纯碱、芒硝、染料及高分子塑料树脂等。

29. 简述集装袋的分类。

答:(1)按袋形分,主要有圆筒形、方形两种。

(2)按吊袋位置分,可分为顶部吊袋、侧面吊袋。

(3)按制造材料分,可分为胶布集装袋、树脂加工布袋和交织布袋等。

30. 危险货物运输包装分为哪三类?

答:根据内装物的危险程度,包装划分为如下三种类别。

Ⅰ类包装:盛装具有较大危险性的货物,包装强度要求高;

Ⅱ类包装:盛装具有中等危险性的货物,包装强度要求较高;

Ⅲ类包装:盛装具有较小危险性的货物,包装强度要求一般。

31. 危险货物包装和内包装有哪些规定?

答:包装和内包装应按"铁路危险货物品名表"及"铁路危险货物包装表"的规定确定。

同时,还应符合下列要求:

(1)包装材料材质、规格和包装结构应与所装危险货物性质和重量相适应。包装材料不得与所装物产生危险反应或削弱包装强度。

(2)充装液态货物的包装容器内至少留有5%的余量(罐车及罐式集装箱装运的液体危险货物应符合《铁路危险货物运输管理规则》第十二章有关要求)。

(3)包装封口应根据内装物性质采用严密封口、液密封口或气密封口。装有通气孔的容器,其设计和安装应能防止货物流出和杂质、水分进入。

(4)包装应坚固完好,能抗御运输、储存和装卸过程中正常的冲击、振动和挤压,并便于装卸和搬运。

(5)包装的衬垫物不得与所装货物发生反应而降低安全性,应能防止内装物移动和起到减振及吸收作用。

(6)包装表面应保持清洁干燥,不得黏附所装物质和其他有害物质。

32. 危险货物包装上的拴挂标志有哪些基本规定?

答:危险货物包装上应牢固、清晰地标明“危险货物包装标志”和“包装储运图示标志”中相应的包装标志和储运标志。

进出口危险货物在国内段运输时应粘贴或拴挂、喷涂相应的中文危险货物包装标志和储运标志。

第三章　装卸搬运

1. 装卸搬运在物流中的作用主要表现在哪些方面?

答:(1)装卸搬运既是伴随生产过程和流通过程各环节所发生的活动,又是衔接生产各阶段流通各环节之间相互转换的桥梁。

(2)装卸搬运直接影响物流的成本、质量等性能指标。

(3)装卸搬运是物流过程中的一个重要环节,它制约着物流过程的其他各项活动,是提高物流速度的关键。

2. 简述装卸搬运的特点。

答:(1)装卸搬运是附属性、伴生性的活动。装卸搬运是物流的每一项活动开始和结束时必然发生的活动。

(2)装卸搬运是衔接性的活动。在各种物流活动的过渡过程中,都是以装卸搬运作为衔接的。

(3)装卸搬运是支持性、保障性和服务性的活动。装卸搬运对其他物流活动有一定的决定性作用,装卸搬运会影响其他物流活动的质量和速度。

3. 装卸搬运按照作业的内容进行分类,可分为哪些作业?

答:装卸搬运可分为运输设备对应的"装进、卸下装卸"和与储存保管设施对应的"入库、出车装卸"两大类,而这两类装卸分别伴随有商品的"堆码、拆垛""分拣、配货""搬送、移送"三类基本的装卸作业。

(1)堆码、拆垛作业。堆码、拆垛又称堆码取拆,它包括堆放作业、堆垛作业、高垛作业和高垛取货作业。

(2)分拣、配货作业。它是将货物按品种、到站、货主等不同特征进行分类的作业。

(3)搬送、移送作业。它是为了进行装卸、分拣、配送活动而发生的货物移动的作业。

4. 装卸搬运按照装卸搬运物品的属性如何分类?

答:(1)成件包装物品的装卸搬运。

(2)超大超重物品的装卸搬运。

(3)散装物品的装卸搬运。

(4)流体物品的装卸搬运。

(5)危险品的装卸搬运。

5. 装卸搬运按照作业的场所如何分类?

答:(1)仓库装卸。它是指在仓库、堆场、物流中心等处所进行的装卸搬运,配合货物的入库、出库、维护、保养等活动进行,并且以堆垛、拆垛、上架、拣货、挪动、移送等操作为主。

(2)铁路车站装卸。它是指在铁路车站对铁路货车中货物的装进及卸出,其特点是一次作业就实现一辆货车的装进或卸出,很少出现整装零卸或零装整卸的情况。

(3)港口装卸。它是指在港口进行的各种装卸搬运工作,包括码头前沿的装卸船作业,也包括各方的支持性装卸搬运,如前方与后方间的搬运工作,港口仓库的码垛、拆垛作业,港口理货场的堆取、运转作业,后方的铁路车辆和汽车的装卸作业等。

6. 装卸搬运有哪些基本方法?

答:(1)按照装卸作业对象分类的方法

①单件作业法;②集装作业法;③散装作业法。

(2)按照装卸作业手段及其组织水平分类的方法

①人工作业法;②机械化作业法;③综合机械化作业法。

(3)按照装卸设备作业原理分类的方法

①间歇作业法;②连续作业法。

(4)按照装卸作业方式分类的方法

①垂直装卸法;②水平装卸法。

7. 何谓单件作业法？单件作业法适用于哪些情况？

答：单件作业法是指对以箱、袋等包装的货物进行单件、逐件地装卸搬运的方法，这是人工装卸搬运阶段的主导方法。单件作业法主要适用于单件货物本身特有安全属性；装卸搬运场合没有或不适宜采用机械装卸；货物形状特殊，体积过大，不便于采用集装化作业等情况。

8. 何谓集装作业法？集装作业法有何特点？

答：集装作业法是指先将货物集零为整后，形成集合包装或托盘、集装箱等集装货物，再对集装件（箱、网、袋等）进行装卸搬运的方法。其特点是有利于机械操作，可以提高装卸搬运效率，减少装卸搬运损失，节省包装费用，提高顾客服务水平，便于储存、装卸搬运、运输、包装一体化，从而实现物流作业机械化、标准化。

9. 集装作业法的方式方法都有哪些？

答：（1）集装箱作业法。集装箱作业法分为垂直装卸和水平装卸两种作业方法。垂直装卸法即“吊上吊下”方法，指采用岸边集装箱装卸桥、轮胎龙门起重机、轨道龙门起重机等垂直装卸集装箱的方法；水平装卸法即“滚上滚下”方法，指以拖挂车和叉车为主要装卸设备平移装卸集装箱的作业方式。

（2）托盘作业法。水平装卸主要采用搬运车辆和辊子式输送机；垂直装卸采用升降机、载货电梯等。在自动化仓库中，采用巷道堆垛机和桥式堆垛机完成在仓库货架内的取存装卸。

（3）其他集装件作业法。货捆单元化的货物，可以使用叉车、门式起重机和桥式起重机进行装卸搬运作业；各种框架集装化货物则采用配套专用吊具的门式起重机和叉车进行装卸搬运作业。

10. 何谓散装作业法？散装作业法有何特点？

答:散装作业法是指对煤炭、矿石、水泥等粒状、块状、粉状等货物进行的散装散卸的方法。其特点是从装点到卸点,中间不再落地,物品直接向运输设备、商品装运设备或存储设备装卸与入库,是集装卸与搬运于一体的装卸搬运作业。

11. 散装作业法的方式方法都有哪些？

答:散装作业法主要包括重力作业法、倾翻作业法、气力输送法和机械作业法。

(1)重力作业法。重力作业法是利用货物的位能来完成装卸作业的方法。

(2)倾翻作业法。倾翻作业法是将运载工具载货部分倾翻而将货物卸出的方法。

(3)气力输送法。气力输送法是利用风机在气力输送机的管内形成单向气流,依靠气体的流动或气压差来输送货物的方法。

(4)机械作业法。机械作业法是指采用各种机械,通过送、舀、抓、铲等作业方式,达到装卸搬运的目的。

12. 何谓间歇作业法？间歇作业法有何特点,适用于装卸哪些货物？

答:间歇作业法是指在两次对货物进行装卸搬运作业过程中存在一个空程准备过程的装卸作业方法。例如,包装货件、笨重货物等的装卸搬运是断续、间歇、重复、循环进行的。它的主要特点是有较强的机动性,装卸地点可在较大范围内变动,主要适用于货流不固定的各种货物,尤其适用于包装货物、大件货物、散粒货物。

13. 何谓连续作业法？连续作业法有何特点，适用于装卸哪些货物？

答：连续作业法是指通过连续输送机械连续不断地进行作业，中间无停顿，货间无间隔的装卸作业方法。它的主要特点是作业线路固定，动作单一，输送均匀，中间无停顿，货间无间隔，便于实现自动控制，主要适用于装卸量较大、装卸对象固定、货物对象不易形成大包装的情况。

14. 装卸搬运设备主要包括哪些种类？

答：(1)按装卸搬运设备的工作原理进行分类，可将装卸搬运设备分为叉车类、吊车类、输送机类、作业车类。

①叉车类，包括各种通用和专用叉车。

②吊车(起重机)类，包括门式吊车、桥式吊车、履带式吊车、汽车式吊车、岸壁式吊车、巷道式吊车等。

③输送机类，包括辊式输送机、轮式输送机、皮带式输送机、链式输送机、悬挂式输送机等。

④作业车类，包括手车、手推车、搬运车、无人搬运车、台车等各种作业车辆。

(2)按装卸搬运设备有无动力进行分类，可将装卸搬运设备分为三类：

①重力式装卸输送机，辊式输送机、轮式输送机等属于此类。

②动力式装卸搬运机具，分为内燃式及电动式两种，大多数装卸搬运机具属于此类。

③人力式装卸搬运机具，主要有小型机具和手动叉车、手车、手推车、手动升降平台等。

15. 起重机械的基本性能参数包括哪些？各自的含义是什么？

答：起重机械的基本性能参数如下。

(1)起重量:指起重机械在正常的工作条件下(保持必需的机械结构的稳定性和牢固性的安全系数)被起升的额定载荷加取物装置的重量。

(2)起升高度:指起重机械可以提升物品的最大有效高度。

(3)工作速度:包括提升速度、走行速度、旋转速度等。

(4)跨度和幅度:是表示起重机械吊具工作范围的参数。

(5)外形尺寸:指起重机械的最大长、宽、高尺寸。

(6)自重:指起重机械在无负载时的自身重量,或者每一走行轮所承担的重量和压力。

(7)工作制度:指起重机械的工作时间和温度、负载持续率等条件。

16. 输送机的基本性能参数包括哪些？各自的含义是什么？

答:输送机的基本性能参数如下。

(1)生产率:是指输送机在单位时间内输送货物的重量,单位为吨/小时(t/h)。

(2)输送速度:是指被运输货物或物料沿输送方向的运行速度。

(3)充填系数:是指输送机承载件被物料或货物填满程度的系数。

(4)输送长度:是指输送机装载点与卸载点之间的展开距离。

(5)提升高度:是指输送机将货物或物料在垂直方向上的输送距离。

17. 装卸搬运车辆的基本性能参数包括哪些？各自的含义是什么？

答:装卸搬运车辆的基本性能参数如下。

(1)额定载重量:是指车辆在规定条件下正常使用时,可起升和搬运货物的最大重量。

(2)水平行驶速度:是指车辆在平直的路面上行驶时,所能达到的最大速度。

(3)起升速度和下降速度:分别指车辆在一定载荷条件下,载荷装置所能上升和下降的最大速度。

(4)最小转弯半径:是指车辆在空载低速行驶、打满方向盘(即转向轮处于最大偏转角)时,转向中心与车辆纵向中心线之间的距离。最小转弯半径的大小影响车辆作业的灵活性。

(5)车辆的自重:是指车辆空载时的总重量。

(6)车辆的尺寸:是指车辆的总长、总宽和总高。

18. 选择装卸搬运机械应从哪些方面考虑?

答:(1)装卸搬运机械的选择应以满足现场作业为前提。根据物流作业现场的具体作业情况不同,可根据作业需要,选择合适的装卸搬运机械类型。

(2)装卸搬运机械吨位的选择,应以现场作业量、物资特性为依据。

(3)在能完成同样作业效能的前提下,应选择性能好、节省能源、便于维修、有利于环境保护、成本较低的装卸搬运机械。

19. 影响物流现场装卸搬运作业量的因素通常有哪些?

答:(1)吞吐量。它是装卸搬运作业量核定的最基本因素。

(2)堆码、搬倒作业量。堆码、搬倒的次数越多,装卸搬运作业量越大。

(3)装卸搬运作业的高峰期。由于装卸搬运作业直接受到物资流动不均衡的影响,导致相关作业机械在使用上可能发生忙闲程度不同的情况。

20. 装卸搬运应遵循哪些基本原则?

答:(1)装卸搬运省力、节能原则;

(2)装卸搬运次数最少原则;

(3)装卸搬运距离、时间最短原则；

(4)装卸搬运机械化原则；

(5)装卸搬运“活性化”原则；

(6)装卸搬运单元化原则；

(7)装卸搬运系统化原则。

21. 何谓物资装卸搬运的灵活性？灵活性的级别是如何划分的？

答：物资装卸搬运的灵活性，是指对物资进行装卸搬运作业的难易程度。

物资装卸搬运的灵活性，根据物资所处的状态，可分为不同的级别：

0级——货物杂乱地堆在地面上的状态；

1级——物资装箱或经捆扎后的状态；

2级——装箱或被捆扎后的物资，下面放有枕木或其他衬垫，便于叉车或其他机械作业的状态；

3级——被放于台车上或用起重机吊钩钩住，可即刻被移动的状态；

4级——被装卸搬运的物资已经被启动，处于直接作业的状态。

22. 装卸搬运作业合理化的措施有哪些？

答：(1)防止和消除无效的装卸搬运。

①尽量减少装卸搬运次数；

②提高被装卸物料的纯度；

③包装要适宜；

④缩短装卸搬运的距离。

(2)提高装卸搬运的灵活性。

(3)实现装卸搬运作业的省力化。

(4)合理组织装卸搬运设备，提高装卸和搬运作业的机械化水平。

(5)推广组合化装卸搬运。

23. 用于集装箱装卸搬运的机械和设备有哪些?

答:(1)集装箱跨车。集装箱跨车是在码头前沿和堆场之间搬运集装箱的专用无轴车辆。

(2)轮胎式集装箱门式起重机。轮胎式集装箱门式起重机是集装箱码头货场进行堆码作业的专用机械。

(3)轨道式集装箱门式起重机。轨道式集装箱门式起重机是集装箱堆场进行装卸、搬运、堆码作业的专用机械。

(4)集装箱牵引车和挂车。集装箱牵引车和挂车用于港口码头、铁路货运站与集装箱堆场之间的运输。

(5)集装箱叉车。集装箱叉车是一种大型平衡重式叉车,是集装箱码头和堆场的常用设备。

第四章　仓储配送

1. 何谓仓库?

答:仓库是用于存放怕受自然条件影响的货物、危险货物和贵重货物而修建在普通站台的封闭式建筑物。

2. 何谓货棚?

答:货棚也称雨棚,是为避免货物受自然条件影响而在普通站台上修建的带有顶棚的建筑物。

3. 何谓雨搭?雨搭的设置位置有哪些要求?

答:雨搭是仓库、雨棚的辅助防雨设备。为避免货物在装卸和搬运作业时遭受湿损,雨搭一般应伸至站台边缘。多雨地区且作业繁忙的,装卸线一侧雨搭可伸至线路中心线以远;搬运站台一侧的雨搭一般以伸出站台边缘 3 m 为宜。

4. 何谓货物站台?

答:货物站台是为了便于装卸车作业,主要用以存放不受自然条件影响的货物而修建的高于装卸线轨面的平台建筑物。

5. 何谓堆货场?

答:堆货场是用来装卸并短期存放煤炭、砂石、木材等散堆装货物、粗杂品、集装箱及长大笨重货物的场地。

6. 何谓苫盖?

答:在露天货场存放物资时,为防止货物受雨淋、风雪及日光曝晒等危害,垛上需加适当的苫盖物,这就是物资的苫盖。

7. 何谓衬垫?

答:在物资堆垛时,按照垛形的尺寸和负重情况,先在垛底放上适当的衬垫物，这种方法即为衬垫。

8. 货位编号指什么？

答：货位编号是根据不同库房条件、货物类别，做出统一编号，以达到“标志明显易找、编排循规有序”的目的。

9. 何谓配送管理？

答：配送管理是指为了以最低的成本完成客户所要求的配送任务，而对配送活动进行计划、组织、指挥、协调与控制。

10. 何谓外包型配送？

答：外包型配送是指由物流劳务的供方、需方之外的第三方去完成物流服务的物流运作方式，是物流专业化的一种形式。

11. 何谓共同配送？

答：共同配送也称共享第三方物流服务，是指多个客户联合起来共同由一个第三方物流服务公司来提供配送服务。

12. 仓储是如何分类的？

答：仓储的不同分类方式如下。

(1)按仓储经营主体划分：①企业自营仓储；②商业营业仓储；③公共仓储；④战略储备仓储。

(2)按仓储对象划分：①普通物品仓储；②特殊物品仓储。

(3)按仓储功能划分：①储存仓储；②物流中心仓储；③配送仓储；④运输转换仓储；⑤保税仓储。

(4)按仓储物的处理方式划分：①保管式仓储；②加工式仓储；③消费式仓储。

(5)按仓储自动化程度划分：①人力仓储；②机械化仓储；③自动化立体仓储；④智慧仓储。

13. 仓储的作业流程是什么?

答:仓储作业流程包括入库管理、在库管理和出库管理。

(1)仓储入库管理。主要包括货物入库前的准备、接运、验收和入库四个步骤。

(2)仓储在库管理。主要内容包括货位分配规划、仓库拣选分类、货物的堆码与毡垫、货物的保管维护、货物的在库盘点等。

(3)货物出库管理。货物出库的一般程序包括催提、出库前的准备、核对出库凭证、备料、复核、出库交接、销账存档等。

14. 仓库是如何分类的?

答:(1)按储存物资的不同保管条件分类

①普通仓库;②保温仓库;③恒温恒湿仓库;④冷藏仓库;⑤特种仓库。

(2)按仓库的建筑类型分类

①平库;②楼库;③筒仓库;④高层货架仓库。

15. 简述自营仓库仓储的优缺点。

答:自营仓库仓储的优势如下。

(1)更大程度地控制仓储。由于企业对仓库拥有所有权,所以企业作为货主能够对仓储实行更大程度的控制。

(2)自营仓库更具灵活性。企业可以按照企业要求和产品的特点对仓库进行设计与布局。

(3)长期仓储时,自营仓库仓储的成本低于公共仓库仓储。

自营仓库仓储的缺陷:

(1)局限性。

(2)投资风险大。

16. 简述公共仓库仓储的优缺点。

答:公共仓库仓储的优势如下。

(1)企业不需要资本投资。

(2)满足企业在不同情况下对仓储空间的需求。

(3)使用公共仓库仓储可以避免管理上的困难。

(4)公共仓库仓储的规模效益可以使货主仓储成本降低。

(5)使用公共仓库仓储时,企业的经营活动更加灵活。

公共仓库仓储的缺陷:

(1)企业对公共仓库中的库存难以控制。

(2)增加包装成本。

17. 立体仓库是如何分类的?

答:立体仓库有以下五种分类方法。

(1)按仓库的建筑形式分,分为:①整体式立体仓库;②分离式立体仓库。

(2)按仓库高度分,分为:①12 m 以上的为高层立体仓库;②5～12 m 的为中层立体仓库;③5 m 以下的为低层立体仓库。

(3)按仓库容量分,分为:

①托盘数量在 2 000 个以下的为小型立体仓库;

②托盘数量在 2 000～5 000 个的为中型立体仓库;

③托盘数量在 5 000 个以上的为大型立体仓库。

(4)按控制方法分,分为:①手动控制的立体仓库;②电子计算机控制的立体仓库。

(5)按货架形式分,分为:①固定货架式立体仓库;②重力货架式立体仓库。

18. 简述立体仓库的入库作业过程。

答:①码盘;②将托盘货物置于入库货台上;③巷道式堆垛机叉

取托盘货物；④巷道式堆垛机运行；⑤向货格存入托盘货物；⑥巷道式堆垛机回到原位。

19. 简述仓库内部分区分类规划的概念及方法。

答：仓库内部分区分类规划是指按照库存物品的性质（理化性质或使用方向）划分出不同类别，根据各类物品储存量的计划任务，结合各种库房、货场、起重运输设备的具体条件，确定各库房和货场的分类储存方案。

仓库内部分区分类规划的方法如下：

（1）按库存物品理化性质不同进行规划。

（2）按库存物品的使用方向或按货主不同进行规划。

（3）混合货位规划。通用物品多按理化性质分类保管，专用物品则按使用方向分类保管。

20. 物资盘点与检查的内容和盘点形式有哪些？

答：物资盘点与检查的内容包括查规格、点数量、查质量、查有无超过保管期或长期积压情况、查保管条件、查安全等。

常见的盘点形式主要有：

（1）动态盘点，又称永续盘点，即保管员每天对有收发状态的物资盘点一次，以便及时发现问题，防止出现收发差错。

（2）循环盘点，即保管员根据保管物资的性质特点，分轻重缓急，做出月盘点计划，然后按计划逐日轮番盘点。

（3）定期盘点，即在月末、季末、年中及年末按计划进行的对物资的全面清查。

（4）重点盘点，即根据季节变化或工作需要，出于某种特定目的而进行的盘点工作。

21. 物资常见的堆码方法有哪几种？

答：（1）重叠式堆码；

(2)纵横交错式堆码;

(3)仰伏相间式堆码;

(4)衬垫式堆码;

(5)压缝式堆码。

22. 铁路货场是如何分类的?

答:铁路货场的不同分类方式如下。

(1)按办理的货物品类划分:①综合性货场;②专业性货场。

(2)按办理货物运输的种类划分:①整车货场;②集装箱货场;③混合货场。

(3)按货运量的大小划分:

①大型货场,年运量在100万t以上;

②中型货场,年运量在30万～100万t;

③小型货场,年运量在30万t以下。

(4)按货场的配置方式划分:①尽端式货场;②通过式货场;③混合式货场。

23. 货场应设置哪些货运设施设备?

答:货场应根据货运作业量、作业性质和货物品类并结合生产需要和当地条件,设置以下货运设施设备。

(1)货场用地,包括道路、硬面、道口、货场围墙等。

(2)货场配线,包括货物线、存车线、牵出线、轨道衡线等。

(3)场库设备,包括堆放场、货物站台、仓库、货棚等。

(4)装卸机械,包括栈桥线、滑坡仓、漏斗仓及各类装卸、搬运机械及其检修设备。

(5)检斤设备和量载设备,包括磅秤、汽车衡(地磅)、轨道衡、电子秤等。

(6)货运安全检测设备,包括超偏载检测装置、轮重测定仪、限界测定仪、危险品检测仪、货车装载状态电视监控系统等。

(7)生产用房,包括营业室、货运室、工具室、维修室、休息室、门卫室及其他房舍等。

(8)货场用具,包括托盘、跳板、防湿枕木、防湿篷布等。

(9)消防设备,包括报警设备、灭火设备。

(10)维修保养设备,包括集装箱及托盘的维修保养设备、篷布修理设备等。

(11)货车洗刷除污、污水处理设备。

(12)危险货物专用设备,应建有具备通风、洗刷、避雷、报警等安全设施的专门仓库。

(13)其他设备,在货场内还应设置给排水设备、照明设备、通信设备,使用货运管理信息系统的计算机及监控视频等现代化设备等。

24. 如何对库房温湿度进行控制和调节?

答:(1)通风。通风是根据空气的流动规律,有计划地组织库内外空气的交换,以达到调节库内温湿度的目的。

(2)吸潮。吸潮是利用吸潮设备或吸潮剂吸附空气中的水蒸气,以达到降低空气湿度的目的。

(3)密封。密封是指采用一定的方式将物资尽可能地封闭起来,防止或减弱外界空气的不良影响,以达到安全保管的目的。

25. 危险货物应如何存放?

答:危险货物应按其性质和要求存放在指定的仓库、雨棚等场地。遇潮或受阳光照射容易燃烧或产生易燃、易爆、有毒气体的危险货物不得在雨棚、露天存放。存放保管危险货物时,应符合“铁路危险货物配放表”的要求。编号不同的爆炸品不得同库存放。

26. 配送的方式主要有哪几种?

答:配送的方式主要有整车运输、多点分运及快运。

27. 配送的特点是什么？

答：(1)配送是从物流据点至需求顾客的一种特殊的“中转型”送货形式。

(2)配送是“配”和“送”有机结合的形式。

(3)配送是一种“门到门”的服务形式。

(4)配送活动受到地域和空间的影响。

28. 配送的功能要素包括哪些？

答：配送由集货、分拣、配货、配装、配送运输、送达服务以及配送加工等最基本的构成单元组成。

(1)集货：将各个用户所需要的各种物品，按需要的品种、规格、数量，从仓库的各个货位拣选集中起来，以便进行装车配送的作业。

(2)分拣：将集货形成的集中物品按运输车辆分开，分别堆放到指定的装卸点的作业。

(3)配货：将各个配送车辆所要配送的各个客户所需要的各种货品，按用户需要的品种规格、按车辆的装载容量组配起来，以便装载和配送运输。

(4)配装：将所配送的客户所需的各种货品，按其配送车辆的装载容量进行装载组配。

(5)配送运输：是较短距离、局部区域内多客户、多品种的联合送货运输形式，一般使用汽车做运输工具。

(6)送达服务：不仅包括将货物送到客户手中，正式移交，还包括安装、使用，以及信息咨询等方面的服务活动。

(7)配送加工：按照配送客户的品种要求所进行的流通加工活动。

29. 配送按时间和数量可划分为哪几种方式？

答：(1)定量配送，是指每次按规定的数量(包括商品的品种)

在指定的时间范围内进行配送。

(2)定时配送,是指按规定的间隔时间进行配送。

(3)定时定量配送,是指按规定时间和规定的商品品种及数量进行配送。

(4)定时定线配送,是指在规定的运行路线上制定到达时间表,按运行时间表进行配送,客户可按规定路线及规定时间接货。

(5)即时配送,是指随要随送的配送,根据客户临时确定的配送时间和商品品种、数量的要求,随即进行配送,是一种灵活性要求很高的应急配送方式。

(6)定时定量定点配送,是指按照确定的周期、确定的商品品种和数量、确定的客户进行配送。

30. 配送可采用哪几种模式?

答:不同企业由于行业环境、战略定位、规模、核心能力方面的差异,进行物流配送时,可能独自建立配送中心实现自营配送;也可能将非核心业务的物流配送业务外包出去,实施外包型配送;也可以与其他企业联合,各取所长,整合资源实施共同配送。

31. 配送包括哪些基本环节?

答:配送由备货、理货和送货三个基本环节组成,其中每个环节又包含若干具体的活动。

(1)备货:指准备货物的系列活动,它是配送的基础环节。备货包括两项具体活动,即筹集货物和储存货物。

(2)理货:理货包括货物分拣、配货和包装等项经济活动。

(3)送货:送货是配送活动的核心,也是备货和理货工序的延伸。

32. 配送中心应具备哪些功能?

答:(1)保管功能。

40. 对委托铁路接取送达的货物，如何划分运输责任？发生货物损失时如何处理？

答：对委托铁路接取送达的货物，铁路局集团公司对托运人承担全程运输责任。铁路局集团公司、快运公司[①]的责任划分，以货运站外勤货运员与司机交接货物为界。公路运输中发生货物损失时，快运公司应组织司机对现场情况、货物损失情况拍照或录像，上传至物流平台，共享给保价信息系统。属于承运人责任的，铁路局集团公司应先行向客户赔付；快运公司将赔付费用结算给铁路局集团公司后，再按照协议向车队、司机等责任单位和个人索赔。

41. 接取送达司机在取送货作业中应遵守哪些规定？

答：司机应使用物流平台司机端记录取送货时间、作业照片等信息；在公路运输途中严格遵守道路交通规则，保证运输过程中无飘洒、不丢失、不损坏。司机为铁路委托的取送货人员，不得代托运人、收货人签认铁路单据、提交装箱照片，不得代货运站外勤货运员进行货物安全检查。

42. 接取送达因收货人推迟送货时，应如何处理？

答：因收货人推迟送货导致超出免费仓储期限、集装箱免费使用期限的，货运站应按规定核收仓储费、集装箱延期使用费，并妥善保管货物。对长期无法交付货物，按《铁路货物运输规程》进行处理。

43. 铁路接取送达业务的服务区域是如何划分的？

答：按取送货距离远近将服务范围划分为起码服务区域、基本服务区域及超范围服务区域。

---

① 为中铁快运股份有限公司的简称，下同。

(1)起码服务区域。对整车、集装箱货物的接取送达服务,起码服务区域为 10 km。对散货快运货物的接取送达服务,起码服务区域为 20 km。

(2)基本服务区域。原则上,各车站接取送达服务的基本服务区域不低于 50 km。起码服务区域边界至基本服务区域边界内,每 5 km 划为一档,各档内所有地址对应该档的公里数。

(3)超范围服务区域。各车站基本服务区域之外的区域为超范围服务区域,是否提供接取送达服务由车站与客户协商确定。

第五章　货物运输作业

1. 简述运输的概念及其包含的含义。

答:运输是指用设备和工具,将物品从一地点向另一地点运送的物流活动。其中包括集货、搬运、中转、装入、卸下、分散等一系列操作。通俗地说,运输是指人们借助运输工具,实现运输对象的空间位置移动的目的性活动。

运输包含以下几层含义:

(1)运输是使实体发生一定空间位移的活动。

(2)运输包括货物集散、装卸搬运、中转仓储、干线运输、配送等一系列操作。

(3)运输作为物流系统的一项功能来讲,是对购买者和使用者的一种服务,而不是可以触摸到的有形产品。

2. 简述运输在国民经济中的地位。

答:(1)运输是生产过程在流通领域内的继续。交通运输是国民经济的基础设施,是社会再生产得以顺利进行的必要条件。

(2)运输是连接产销、沟通城乡的纽带。交通运输在整个国民经济中是一个极为重要的部门,是国民经济的大动脉,是社会发展的一个重要条件,起着连接生产、分配、交换、消费各环节和沟通城乡、各地区和各部门的纽带和桥梁作用。

(3)运输是加速社会再生产和促进社会再生产连续不断进行的前提条件。交通运输业的生产目的是保证最大限度地满足国民经济发展对运输的需要。

(4)运输是保证市场供应、满足生产建设、实现社会主义生产目的的基本条件。运输业作为国民经济的物质生产部门,是不同于工业、农业、建筑业等其他物质生产部门的,它不增加物质产品的使用价值,却增加物质产品的价值。

3. 运输是如何创造出商品的空间效用和时间效用的？

答：在物流管理中，运输主要提供两大功能，即物品移动和短时储存。运输通过改变商品的地点或者位置所创造出的价值，称为商品的空间效用；运输使得商品以运输工具（车辆、船舶、飞机等）为临时储存设施，并在适当的时间到达消费者手中，就产生了商品的时间效用。这两种效用的产生，才能够真正地满足消费者的需要。

4. 运输要遵循的原则有哪些？

答：商业部门的商品运输工作，要遵循“及时、准确、安全、经济”的原则，做到加速商品流通，降低商品流通费用，提高货运质量，高效地完成商品运输任务。

（1）及时。及时就是要求按照客户需要的时间把商品运往消费地，不失时机地满足市场和消费者的需要。

（2）准确。准确就是要防止商品发生差错事故，保证在整个运输过程中，把商品准确无误地送到消费者手中。

（3）安全。安全就是在运输过程中要确保商品的使用价值。

（4）经济。经济就是以最经济合理的方法调运商品，降低运输成本。

5. 简述运输的特点。

答：（1）运输具有生产的本质属性。

（2）运输服务具有公共性。

（3）运输产品是无形产品。

（4）运输生产和运输消费同时进行。

（5）运输产品具有非储存性。

（6）运输产品具有同一性。

6. 如何理解运输和物流的联系?

答:物流的出发点是以生产和流通企业的利益为中心,运输只是物流管理控制的必要环节,处于从属地位。有物流必然有运输,而再完善的运输也远不是物流。

(1)运输是物流系统的基础功能之一。物流系统通过运输来完成对客户所需的原材料、半成品和制成品的地理定位。

(2)运输合理化是物流系统合理化的关键。运输费用在物流费用中占有很大的比重。组织合理运输,以最小的费用、较快的时间,及时、准确、安全地将货物从其产地运到销地,是降低物流费用和提高经济效益的途径之一。

(3)运输影响着物流的其他构成因素。例如,选择的运输方式决定着装运货物的包装要求;使用不同类型的运输工具决定其配置使用的装卸搬运设备以及接收和发运站台的设计;企业库存储备的大小,直接受运输状况的影响,发达的运输系统能比较适量、快速和可靠地补充库存,以降低必要的储备水平。

7. 为什么说物流的服务观念比运输更先进?

答:现代物流对用户追求高质量无极限的服务。在服务过程中,凡是用户不满意的地方都进行改进完善;凡是用户嫌麻烦的事情都尽量去做,以满足用户的需要为服务目标;主动开展物流市场调查、市场预测,并积极做好推销、宣传工作,而且在不断改进服务质量的附加工作中,寻求与发现新的服务项目或服务产品,为企业带来更多的商机和更高的回报。因此,从服务理念上来说,物流突破了运输的服务理念,获取的附加值也远大于运输的回报。

8. 简述物流运输与装卸搬运的关系。

答:物流运输活动必然伴随装卸搬运活动。一般来说,运输发生一次，往往伴随两次装卸搬运活动，即运输前、后的装卸搬运作业。货物在运输前的装车、装船等活动是完成运输的先决条件，此时，装卸搬运质量的好坏将对运输产生巨大的影响。装卸搬运工作组织得力、装卸搬运活动开展顺利，都可以使运输工作顺利进行。

9. 简述物流运输与包装的关系。

答：货物包装的材料、规格、方法等都不同程度地影响着运输。包装材料的使用要以强化输送、保护产品为目的；作为包装的外廓尺寸应该充分与运输车辆的内部尺寸相吻合，这对于提高货物的装载率有着重要意义，对提高物流水平有巨大影响。运输包装的重要特点，是在满足物流要求的基础上使包装费用越低越好。为此，必须在包装费用和物流运输时的损失两者之间寻找最优的效果。

10. 简述物流运输与配送的区别。

答：运输是将货物大批量、长距离地从生产工厂直接送达客户或配送中心。配送则是从配送中心将货物就近发送到地区内各客户手中。

11. 简述物流运输系统的概念。

答：物流运输系统是在一定的时间和空间内，由运输过程所需的基础设施、运输工具和运输参与者等若干动态要素相互作用、相互依赖和相互制约所构成的具有特定运输功能的有机整体。

12. 如何理解物流运输线路是构成物流运输系统最重要的要素？

答：物流运输线路是构成物流运输系统最重要的要素，是提供运输工具定向移动的通道，也是运输赖以运行的基础设施之一。

在现代运输系统中,主要的运输线路有公路、铁路、航线和管道。其中,铁路和公路为陆上运输线路,除了引导运输工具定向行驶外,还需要承受运输工具、货物或人的重量;航线有水运航线和空运航线,主要起引导运输工具定位定向行驶的作用,运输工具、货物或人的重量由水或空气的浮力支撑;管道是一种相对特殊的运输线路,由于其严密的封闭性,所以既充当了运输工具,又起到了引导货物流动的作用。

13. 如何理解物流运输节点的概念?

答:物流运输节点是指以连接不同运输方式为主要职能,处于运输线路上的承担货物集散、运输业务办理、运输工具保养和维修的基地与场所。运输节点是物流节点中的一种类型,属于转运型节点。公路运输线路上的停车场(库)、货运站,铁道运输线路上的中间站、编组站、区段站,水运线路上的港口、码头,空运线路上的空港,管道运输线路上的管道站等都属于运输节点范畴。

14. 何谓物流运输工具?是如何分类的?

答:运输工具是指在运输线路上用于载重货物并使其发生位移的各种设备和装置,它们是使运输能够进行的基础设备,也是运输得以完成的主要手段。

运输工具根据从事运送工作的独立程度可以分为三类:

(1)既提供动力,又具有装载货物容器的独立运输工具。

(2)仅提供动力,不具有装载货物容器的运输工具。

(3)没有动力,但具有装载货物容器的从动运输工具。

15. 运输活动的主要参与者包括哪些?

答:(1)物主。物主包括托运人(或称委托人)和收货人,有时托运人与收货人是同一主体,有时不是同一主体。

(2)承运人。承运人是运输活动的承担者,受托运人或收货人的委托,按委托人的意愿以最低的成本完成委托人委托的运输任务,同时获得运输收入。

(3)货运代理人。货运代理人是根据用户的指示,为获得代理费用而招揽货物、组织运输的人员,其本人不是承运人。

(4)运输经纪人。运输经纪人是替托运人、收货人和承运人协调运输安排的中间商,其协调的内容包括装运装载、费率谈判、结账和货物跟踪管理等。

(5)政府。由于运输也是一种经济行业,所以政府要维持交易中的高效率水平。

(6)公众。公众关注物流运输的可达性、费用和效果以及环境方面和安全方面的标准。公众按合理价格产生对商品的需求并最终确定运输需求。

16. 简述物流运输系统的特征。

答:物流运输系统不仅具有一般系统所共有的特征,即整体性、目的性、相关性、层次性、动态性和环境适应性,而且同时具有其自身显著的特征。

(1)运输服务可以通过多种运输方式实现。各种运输方式对应于各自的技术特性,有不同的运输单位、运输时间和运输成本,因而形成了各运输方式不同的服务质量。

(2)运输服务可分成自用型和营业型两种形态。自用型运输多限于货车运输,部分水路运输中也有这种情况,但数量很少。而航空、铁路这种需要巨大投资的运输方式,自用型运输难以开展。营业型运输在公路、铁路、水路、航空等运输业中广泛开展。

(3)运输存在实际运输和利用运输两种形式。

(4)运输服务业竞争激烈。运输服务业者不仅在各自的行业内开展相互的竞争,而且还与运输方式相异的其他运输企业开展竞争。

(5)运输系统的现代化趋势。所谓运输系统的现代化，就是采用当代先进适用的科学技术和运输设备，运用现代管理科学，协调运输系统各构成要素之间的关系，达到充分发挥运输功能的目的。

17. 物流运输系统按运输方式划分为哪几种运输形式？

答：按运输方式划分，物流运输系统可分为公路运输、铁路运输、水路运输、航空运输和管道运输等形式。

18. 物流运输系统按运输线路的性质划分为哪几种运输形式？

答：按运输线路的性质划分，物流运输系统可分为干线运输、支线运输、二次运输和厂内运输等形式。

(1)干线运输：利用铁路与公路的骨干线路、大型船舶的固定航线以及枢纽机场的定期航线进行的长距离、大批量的运输。

(2)支线运输：与干线相接的分支线路上的运输。支线运输是干线运输与收、发货地点之间的补充性运输方式，一般路程较短，运输量相对较小。

(3)二次运输：干线、支线运输到目的站后，目的站与用户仓库或指定地点之间的运输。由于这是一种补充性的、以满足个体单位需要为目的的运输方式，所以运输量相对更小。

(4)厂内运输：在工业、企业的内部，直接为生产过程服务的运输方式。厂内运输一般在车间与车间之间、车间与仓库之间进行，而小企业内部及大企业的车间内部、仓库内部的这种运输一般称为“搬运”。

19. 物流运输系统按运输作用划分为哪几种运输形式？

答：按运输作用划分，物流运输系统可分为集货运输和配送运输等形式。

(1)集货运输：将分散的货物集聚起来以便进行集中运输的一

种运输方式。因为货物集中后才能利用干线进行大批量、长距离的运输，所以，集货运输是干线大规模运输的一种补充性运输，多是短距离、小批量的运输。

（2）配送运输：将节点中已按用户要求配装好的货物分送到各个用户处的运输方式。这种运输一般发生在干线运输之后，是干线运输的补充和完善，而且由于发生在末端，所以多是短距离、小批量的运输。

20. 物流运输系统按运输的协作程度划分为哪几种运输形式？

答：按运输的协作程度划分，物流运输系统可分为一般运输、联合运输和多式联运等形式。

（1）一般运输：孤立地采用不同运输工具或同类运输工具而没有形成有机的协作关系的运输方式，如单纯的汽车运输、火车运输等。

（2）联合运输：使用同一运输凭证，由不同的运输方式或不同的运输企业进行有机衔接来接运货物，利用每种运输手段的优势，发挥不同运输工具的效率的一种运输方式。

（3）多式联运：根据实际要求，将不同的运输方式组合成综合性的一体化运输，通过一次托运、一次计费、一张单证、一次保险，由各运输区段的承运人共同完成货物的全过程运输，即将全过程运输作为一个完整的单一运输过程来安排的一种运输方式。

21. 物流运输系统按运输中途是否换载划分为哪几种运输形式？

答：按运输中途是否换载划分，物流运输系统可分为直达运输和中转运输等形式。

（1）直达运输：利用一种运输工具从起运站、港一直到终点站、港，中途不经过换载、不入库存储的运输方式。直达运输不仅可避免中途换载所出现的运输速度减缓、货损增多、费用增高等一系列弊端，而且能缩短运输时间、加快车船周转、降低运输费用。

(2)中转运输：货物在运往目的地的过程中，在途中的车站、港口、仓库进行转运换装的一种运输方式。中转运输可以有效地衔接干线运输和支线运输，可以化整为零或集零为整，从而方便用户，提高运输效率。

22. 物流运输系统按运输领域划分为哪几种运输形式？

答：按运输领域划分，物流运输系统可分为生产领域的运输和流通领域的运输两种形式。

(1)生产领域的运输：一般是在生产企业内部进行，因而称为厂内运输。它作为生产过程中的一个组成部分，是直接为物质产品的生产服务的，包括原材料、在制品、半成品和成品的运输，这种厂内运输又称为物料搬运。

(2)流通领域的运输：作为流通领域里的一个环节，是生产过程在流通领域的继续，主要是对物质产品的运输，是完成物品从生产领域向消费领域在空间位置上的物理性的转移过程。它既包括物品从生产所在地直接向消费(用户)所在地的移动，又包括物品从配送中心向中间商的移动。

23. 公路运输具有哪些特点？

答：(1)机动、灵活，可实现“门到门”运输；

(2)货损货差小，安全性高，灵活性强；

(3)原始投资少，资金周转快，技术改造容易；

(4)适合中短途运输，不适合长途运输。

24. 说明组织公路货物运输的方法。

答：(1)多班运输；

(2)定时运输；

(3)定点运输；

(4)直达运输；

(5)中转运输；

(6)零担货物集中运输；

(7)甩挂运输；

(8)带板运输；

(9)“门到门”运输。

25. 公路运输工具主要包括哪些？

答：公路运输工具主要指的是汽车，汽车按运输对象不同又分为货车和客车。

26. 公路运输工具中的货车是如何分类的？

答：(1)货车按载重量分类。可分为微型货车(载重量≤1.8 t)、轻型货车(1.8 t＜载重量≤6 t)、中型货车(6 t＜载重量≤14 t)、重型货车(载重量＞14 t)。

(2)货车按用途分类。可分为普通货车(一种是敞开式的或平板式的，另一种是封闭式的或厢式的)；多用途货车；全挂牵引车；专用作业车；专用货车。

(3)货车按所需燃料分类。可分为汽油货车、柴油货车、其他燃料货车。

27. 铁路运输具有哪些特点？

答：(1)适应性强；

(2)运输能力强；

(3)安全程度高；

(4)运送速度较快；

(5)能耗小；

(6)环境污染程度小；

(7)运输成本较低。

28. 铁路运输工具中的机车是如何分类的?

答:机车按用途不同,可分为速度较高的客运机车、牵引力较大的货运机车和机动灵活的调车机车。按原动力的不同,可分为内燃机车、电力机车。

29. 铁路车辆按用途是如何分类的?货车包括哪些种类?

答:铁路车辆按用途可分为客车、货车及特种用途车。货车又分为敞车、棚车、平车、罐车、长大货物车、冷藏车、漏斗车、自翻车、家畜车、钢水车、铸锭车、鱼苗车等。

30. 简述铁路车辆中敞车的用途及分类。

答:敞车是主要用于装运煤炭、矿石、建材、机械设备、钢材及木材等货物的铁路车辆。敞车设有底架、侧墙和端墙,底架为平底或浴盆(单浴盆或双浴盆)结构,不设车顶,除能满足人工装卸外,还能适应翻车机等机械化卸车作业,并能适应解冻库的要求。

敞车按用途不同可分为两类:一类为可装运煤炭、矿石、建筑物资、木材、钢材、机械设备等多种货物的通用敞车;另一类是只适用于大型工矿企业、站场、码头之间成列固定编组运输,专门用于装卸煤炭或矿石等专用货物的专用敞车。

31. 简述铁路车辆中棚车的用途及分类。

答:棚车是一种具有端、侧墙和车顶,并在侧墙上有门和窗的车辆,主要承担运输各种免受日照、雨雪侵袭的贵重货物,各种箱装、袋装货物及散装粮谷。加上一些必要的附属设备后,有的棚车还可运送人员和马匹等。

棚车按用途不同可分为四类:运输各种粮谷、日用工业品及贵重仪器设备等的通用棚车;装卸方式灵活或满足特定货物装载需要的专用棚车;运输有毒、易污染危险物品的毒品车,车体为黄色,印有骷髅头标记;满足货物的时效性,同时适合运输高附加值的轻浮货物的快运棚车。

32. 简述铁路车辆中平车的用途及分类。

答:平车是一种无固定端、侧墙的以底架进行承载的车辆,主要用于运送钢材、木材、砂石、汽车、拖拉机、军用车辆、其他机械设备及集装箱等货物,也可装运桥梁等特殊长大货物和需跨装运输的一般超长货物。装有活动侧墙板的平车也可用来装运矿石、沙土、石碴等散粒货物。

平车按功能不同主要有两类:一类是设有木地板结构的通用平车,可用于运输机械设备、钢材、轮式装备等货物,其中设有集装箱锁闭装置的共用平车还可运输集装箱;另一类是在底架上设有集装箱锁闭装置的集装箱专用平车,一般无地板结构,专门用于运输集装箱。

33. 铁路运输的集装箱如何分类?

答:铁路运输的集装箱可根据集装箱长度、箱主、所装货物种类和箱体结构,以及是否符合国家标准、行业标准或国铁集团企业标准来分类。

(1)按长度分为 20 英尺箱、40 英尺箱、45 英尺箱以及其他长度的集装箱。

(2)按箱主分为铁路箱和自备箱。铁路箱是承运人提供的集装箱,自备箱是托运人自有或租用的集装箱。

(3)按所装货物种类和箱体结构分为普通货物箱和特种货物箱。普通货物箱包括通用箱和专用箱,专用箱包括封闭式通风箱、敞顶箱、台架箱和平台箱等;特种货物箱包括保温箱、罐式箱、干散货箱和按货物种类命名的集装箱等。

(4)按是否符合集装箱标准分为标准箱和非标箱。

34. 水路运输具有哪些特点?

答:(1)运输能力强;

(2)运输成本低;

(3)投资省;

(4)劳动生产率高;

(5)航速较慢。

35. 水路运输工具主要包括哪些?

答:水路运输工具主要指的是船舶。船舶是能航行或停泊于水域内进行运输或作业的工具。

主要有以下几类:①驳船;②拖船;③推船;④干货船;⑤载驳船;⑥冷藏船;⑦散货船;⑧液货船。

36. 水路运输的航道是如何分类的?

答:(1)按形成原因可将航道分为天然航道和人工航道。天然航道是指自然形成的江、河、湖、海等水域中的航道,包括水网地区在原有较小通道上拓宽加深的那一部分航道;人工航道是指在陆上人工开发的航道,包括人工开辟或开凿的运河和其他通航渠道。

(2)按使用性质可分为专用航道和公用航道。专用航道是指由军事、水利、电力、林业、水产等部门以及其他企业事业单位自行建设、使用的航道;公用航道是由国家各级政府部门建设和维护、供社会使用的航道。

37. 简述管道运输的特点和管道运输的形式。

答:管道运输的特点如下。

(1)运量大;

(2)管道运输建设工程比较单一;

(3)管道运输具有高度的机械化;

(4)有利于环境保护；

(5)管道运输适用存在局限性。

管道运输的形式有：

(1)原油管道；

(2)成品油管道；

(3)天然气管道；

(4)煤浆管道。

38. 管道运输按照输送对象不同如何分类?

答:管道运输按照输送对象不同,可分为输油管道和输气管道。

39. 按铁路整车运输方式运输的货物应符合哪些条件?

答:一批货物的重量、体积、形状或性质需要以一辆以上(含一辆)货车装运的,应按整车托运。整车运输方式适合于大宗货物的运输,我国大多数的铁路货物使用整车运输方式。

40. 简述铁路货物直通运输的概念。

答:为了方便铁路运输托运人和收货人,免去途中换装作业站或者不同产权归属的交接站的运输手续,对于按整车运输的货物,使用一份运输票据将货物从发站直接运送至到站的方式称为货物直通运输。

41. 对于准、米轨间直通运输的整车货物,一批的重量或体积应符合哪些要求?

答:(1)重质货物重量为 30 t、50 t、60 t(不适用货车增载的规定)。

(2)轻浮货物体积为 60 m^3、95 m^3、115 m^3。

此外,鲜活货物及需要冷藏、保温或加温运输的货物,需要使用罐车运输的货物,每件重量超过 5 t(特别商定者除外),长度超过 16 m 或体积超过米轨装载限界的货物,均不得办理准、米轨间直通运输。

42. 简述铁路货物运输主要业务流程。

答:(1)运输需求提报；
(2)运输需求受理；
(3)订车配车；
(4)(整车)装车/(集装箱)检斤验货；
(5)核算制单；
(6)途中运输；
(7)卸车作业；
(8)交付；
(9)货损理赔；
(10)开具增值税发票。

43. 简述铁路货物运输需求提报的作业流程。

答:(1)对不确定装车日期的,客户可先提报阶段运输需求,铁路局集团公司统一负责处理。

(2)确定装车日期后,客户可以通过以下三种方式提报日运输需求(订车):①直接提出;②使用已通过的阶段运输需求;③使用既有运单。

对于整车货物,客户在提报日需求时同步生成托运人信息完整的运单;对于集装箱货物,客户在提报日需求时可选择已填好的运单,也可填报新的运单。

44. 简述铁路运输需求受理的渠道。

答:铁路部门为客户提供多种需求受理渠道,包括 95306 客服电话、95306 网站“我要发货”、95306 网上营业厅、货运营业站(包括货运中心、营业场所,下同)受理服务电话、铁路客服人员上门服务,以及客户到铁路货运营业站直接提出运输需求。其中,95306 客服电话、95306 网站“我要发货”由 95306 货运客服人员受理;货运营业站受理服务电话、铁路客服人员上门服务由货运营业站铁路客服人员受理;客户到铁路货运营业站直接提出运输需求,由铁路客服人员面对面与客户进行沟通,受理运输需求。各渠道受理的需求全部通过95306货运电子商务系统进行提报。

45. 铁路对运输需求按批进行受理,需求受理范围如何分类?

答:(1)根据货物类型的不同,可分为大宗货物和零散“白货”需求。

(2)根据运输需求的时效,可分为阶段运输需求和日运输需求。

(3)根据运输种类的不同,可分为整车、集装箱、货物快运等需求。

(4)根据服务内容的不同,可分为“站到站”“门到门”“门到站”“站到门”的需求,以及仓储、装卸搬运等物流服务需求。

46. 铁路运输生产计划体系的组成部分有哪些?

答:铁路运输生产计划由国铁集团、铁路局集团公司两级编制管理,按年、月、日等不同时间周期分为年度运输生产预期、月度运输生产计划、货运日计划三部分。

(1)年度运输生产预期。年度运输生产预期是国铁集团和各铁路局集团公司根据年度经济调查、协议客户的运输需求和铁路运输能力变化,统筹平衡确定的年度铁路运输生产目标。

(2)月度运输生产计划。月度运输生产计划是根据大宗稳定物资协议客户提出的阶段运输需求,参考其他零散客户提报的月度运输需求历史经验值,结合月度市场规律特点汇总月度客户运输需求预期值,根据月度运输能力情况,综合形成的指导内部生产的阶段目标和全月轮廓性计划。

(3)货运日计划。以“实货”为依据,编制运输生产日计划,为随到随办提供保障。

47. 年度运输生产预期值中货运相关指标包括哪些?

答:年度预期值中货运相关指标包括货运预期值,即货物发送量、货物周转量、重点品类发送量、日均装车数；货车运用预期值，即货车周转时间、货车运用车数、国铁现在车数；货运机车运用预期值，即货运机车日车公里、货运机车日产量、货运列车平均总重。

48. 铁路月度运输生产计划包括什么？月度计划编制内容包括哪些？

答：铁路月度运输生产计划包括月度货运计划和月度技术计划。月度计划编制内容包括总装车数、煤(含电煤)装车数、卸车数、使用车去向、客车化和直达化运输方案、运用车、周时、中停时、旅速、静载重等。

49. 铁路局集团公司编制月度运输生产计划要依据哪些信息？

答：(1)国铁集团下达的次月重点运输安排；

(2)经货源核实的月度客户需求；

(3)大宗稳定物资、重点企业物资、协议客户物资、季节性物资运输需求；

(4)抢险救灾、军运、路料等重点物资月度需求；

(5)铁路局集团公司月度集体运输方案编制会议中确定的次月重点事项。

50. 简述铁路货物发送作业的概念及主要环节。

答：货物在发站所进行的各项货运作业，统称货物的发送作业。发送作业主要包括进货、装车、计费和承运等环节。

51. 铁路货物发送作业中进货环节需要做好哪些工作？

答：托运人凭进货通知、纸质运单需求联或需求号，在指定日期将货物搬入货场指定的位置，货场门卫人员和货运员对搬入货场的货物进行有关事项的检查核对，确认是否符合运输要求，需要做好以下工作。

（1）检查货位。检查待分配的货区货位是否清洁，确认货区货位满足货物存放需求，告知托运人、进货工组货区货位。

（2）安检查危。根据货物特点采取合理的安检方式，检查普通货物中是否夹带危险货物，危险货物中是否夹带禁止配装的货物。

（3）查验货物。货物名称、件数、重量与运单记载是否相符；货物的状态是否良好；货物的运输包装和标志是否符合规定。

52. 铁路装车作业中，合理使用车辆应符合哪些要求？

答：（1）承运人应按照运输合同约定的车种拨配适当的车辆。承运人如无适当货车拨配，在征得托运人同意、保证货物安全、货车完整和装卸作业方便的条件下可以代用。以长大货物车、冷藏车代替其他车辆及改变罐车使用范围时，应经国铁集团承认；其他车辆代替棚车时，应经铁路局集团公司承认。车辆代用必须符合《铁路货物装载加固规则》中“货车使用限制表”的规定。

（2）对保密物资、涉外物资、精密仪器、展览品，能用棚车装运的必须使用棚车装运，不得用其他货车代替。对怕湿或易于被盗、丢失的货物，也应使用棚车装运。

（3）毒品专用车不得用于装运普通货物。

（4）冷藏车严禁用于装运可能污染和损坏车辆的非易腐货物。

（5）承运人应拨配状态良好、清扫干净的货车装运货物。

53. 铁路装车作业中装车前检查包括哪些内容？

答：（1）检查货物运单。检查货物运单的记载内容是否符合运输要求，有无漏填和误填。

（2）检查待装货物。组织装卸工组共同清点、检查待装货物，认真核对待装货物品名、件数，检查标志、标签和货物状态。

（3）检查货车。主要是检查货车是否符合使用条件，认真检查货车的车体（包括透光检查）、车门、车窗、盖阀是否完整良好，有无扣修通知、色票、货车洗刷回送标签或通行限制，车内是否干净，是否被毒物污染等，确定是否适合所装货物。

54. 铁路装车作业中装车过程包括哪些内容及要求？

答：装车过程中，要严格按照《铁路货物装卸安全技术规则》有关规定办理，对货物装载数量和质量要进行检查，做到不错装、不漏装，巧装满载，防止偏载、偏重、超载、集重、亏吨、倒塌、坠落和超限。

（1）对货物装载重量的要求。承运人和托运人装载货物时，都应不断改进装载方法，充分利用货车的载重力或容积，但不得超过货车容许载重量。货车容许载重量包括货车的标记载重量和货车的增载量。

（2）对货物装载高度和宽度的要求。货物装载的高度和宽度，除超限货物和有特定者外，均不得超过机车车辆限界或特定区段装载限界。

（3）其他要求。①使货物均衡、稳定、合理地分布在货车上，不超载，不偏载，不偏重，不集重，在运输全过程中，不发生移动、滚动、倾覆、倒塌或坠落等情况。②装载应堆码稳妥、紧密、捆绑牢固，认真做到轻拿轻放，大不压小，重不压轻。③对以敞、平车装载的需要加固的货物，有定型方案的，严格按方案装车；无定型方案的，车站应制定装载加固方案，并按审批权限报批，按批准方案装车。④装载散堆装货物，顶面应予平整。⑤对自轮运转的货物、无包装的机械货物，车站应要求托运人将货物的活动部位予以固定，以防止脱落或侵入限界。⑥对易磨损货件应采取防磨措施，怕湿和易燃货物应采取防湿或防火措施。所装货物需要进行加固的，按《铁路货物装载加固规则》办理。

55. 铁路装车作业中装车后检查包括哪些内容?

答:(1)检查车辆。注意检查车辆有无超重、偏重、超限现象,装载是否稳妥,捆绑是否牢固,施封是否符合要求,表示牌插放是否正确。对装载货物的敞车,要检查车门插销、底开门搭扣和篷布苫盖、捆绑情况。装载超限、超长、集重货物,应按装载加固定型方案或批准的装载加固方案检查装载加固情况。对超限货物还应按装载方案测量装车后尺寸。

(2)检查运单。检查运单有无误填和漏填,车种、车号和运单记载是否相符。

(3)检查货位。清扫货位,检查货位有无误装或漏装的情况。

(4)检查线路。检查线路是否具备取车条件,通知装卸工组撤除防护信号。

56. 铁路卸车作业中卸车前检查包括哪些内容?

答:(1)货位检查。货运员接到货运调度员下达的卸车计划后,应提前准备好空货位,确定卸车地点和送车顺序。

(2)票据检查。检查货票系统票据记载内容与现车状况是否相符,与货运调度员下达的卸车计划是否相符。发现票车不符通知货装值班员处理。

(3)现车检查。货运员应认真检查车辆、篷布苫盖、货物装载状态有无异状,施封是否完好。如发现货物有异状,应先行处理后再进行卸车,有关事项应予记录。

57. 在铁路卸车作业过程中应做好哪些工作?

答:(1)通知装卸工组按规定安设防护信号,向装卸工组传达卸车要求和注意事项。

(2)在卸车过程中货运员与装卸工组应当密切配合,正确拆封、开启车门或取下苫盖篷布,逐批核对货物,清点件数,核对标记，检查货物状态。

(3)严格按照《铁路货物装卸安全技术规则》及有关规定作业，合理使用货位，按规定堆码货物。

(4)发现货物损失，通知货装值班员及时处理。此外，要注意作业安全，加快卸车速度，以加速货车周转。

58. 铁路卸车作业中卸车后检查包括哪些内容？

答：(1)检查运输票据。检查票据上记载的货位与实际堆放货位是否相符等。

(2)检查货物。主要检查卸后货物安全距离、货物件数、堆码及防火、防湿措施是否正确；货车篷布是否按规定折叠整齐并送到指定地点存放；卸下的加固材料、加固装置是否整理好并与卸下的货物放于一处。

(3)卸后车辆检查。检查车体是否被损坏，车内货物是否卸净并清扫干净；车门、窗及端、侧板是否已关严，罐车盖及加冰冷藏车的冰箱盖是否已盖好；失效的表示牌是否已全部撤除等。对于按规定需要洗刷除污的货车，应按规定进行洗刷除污或者向指定洗刷除污站回送。检查车辆防溜情况，严防溜逸。

59. 何谓货物交付？何谓交付完毕？

答：货物交付是指承运人在规定的地点与收货人进行货物(车)交接后并在货物运单上加盖货物交付日期戳记，即表示货物运输过程终止。

由承运人组织卸车和发站由承运人组织装车、到站由收货人组织卸车的货物，在向收货人点交货物或办理交接手续后，即为交付完毕；发站由托运人组织装车，到站由收货人组织卸车的货物，在货车交接地点交接完毕，即为交付完毕。交付完毕，货物运输合同即告结束。

60. 简述铁路货物运输内交付作业流程。

答:(1)到达确认。货运员正确掌握到达货物货区、货位、货车到达时间等情况,在货票系统核对电子运单,录入到达时间及卸车相关信息,打印运单到站存查联。

(2)领货通知。领货通知不迟于卸车完了的次日内,内勤货运员向运单记载的收货人发出领货通知或送货通知,并在货物运单到站存查联内记明通知的方法和时间。

(3)领货办理。收货人凭纸质领货凭证领货的,收货人为个人时,还需提供收货人身份证;收货人为单位时,还需提供委托书和经办人身份证。车站在货票系统中调取运单信息,核实领货凭证、领货人身份等,采集收货人(经办人)身份证及头像影像资料,办理内交付手续。委托他人领取货物时应同时核实领货凭证、收货人身份证复印件、被委托人身份证原件和委托书。纸质领货凭证未到或丢失时,可凭有经济担保能力的企业出具的担保书办理内交付手续。

收货人凭领货密码领货的,车站在货票系统中验证领货验证码,核实收货人身份信息,采集经办人身份证及头像影像资料,办理内交付手续。委托他人领取货物时,查验收货人在电商系统录入的被委托人姓名、身份证号码、手机号码等委托信息及领货密码办理内交付手续。

(4)内交付完毕。车站在货票系统中补充确认到达及卸车相关信息,核收相关费用后,打印运单到站存查联、收货人存查联加盖车站日期戳。运单收货人存查联交收货人,运单到站存查联由收货人签章后留存。运单状态变为“已内交付”。

61. 简述铁路货物运输外交付作业流程。

答:(1)核对信息。货运员核对收货人提出的加盖车站日期戳的运单收货人存查联。使用货运站系统查询待交付货物所在货区货位,通知装卸工组到场作业。

（2）清点验交。凭运单收货人存查联点交货物，保证品名、件数、重量与运单相符。分批领取货物时，应在运单收货人存查联上逐批记载领取货物的品名、件数、重量、时间等信息。全批点交完毕后，在运单收货人存查联加盖“货物交讫”戳记。

（3）系统操作。货运场站卸车，车站在货运站系统对“已内交付”的运单进行外交付操作。

62. 简述国际铁路货物联运的特点。

答：（1）参加国家多、涉及部门多、运输环节多；

（2）参加国铁路使用一份运输票据完成全程运输；

（3）具有铁路运输全天候、低成本、绿色环保等优势；

（4）适用统一规则。

63. 运输方案设计指的是什么？

答：运输方案设计实际上就是对以何种方式运输，以何种运输工具载运货物，经过哪些运输路线，是直达还是中转，在何时运抵接收地等环节所做的统筹安排。另外，在设计运输方案时，还要考虑成本因素。

64. 运输方案设计包括哪些内容？

答：（1）收集信息；

（2）确定运输方式；

（3）确定运输工具；

（4）选择运输线路；

（5）确定运输环节；

（6）运输成本核算。

65. 影响运输方式选择的因素主要包括哪些？

答：一般来说，选择运输方式要考虑运输货物的种类、运输量、运输距离、运输时间、运输成本、服务要求和竞争等七个方面的因素，这些因素不是相互独立的，而是紧密相连、互为决定的。

66. 在选择运输方式时需要考虑运输对象的哪些方面？

答：在选择运输方式时，要考虑运输对象的形状、重量、容积和理化性质，如危险性、易腐性、串味、渗漏、氧化、分解等指标。对于某些特殊货物，要选择专用的运输工具来运输。

67. 如何利用定量分析法选择运输方式？

答：定量分析法即根据影响运输方式的四个因素——经济性、迅速性、安全性、便利性，进行综合评价，根据评价结果确定运输方式的选择方法。

(1)经济性。运输工具的经济性是由运费、包装费、装卸费、设施费等有关费用合计来表示的。

(2)迅速性。运输工具的迅速性一般用从发货地到收货地所需要的天数或时间来表示，所需要的时间越长，则迅速性越低。

(3)安全性。运输工具的安全性是根据过去一段时间内的货损、货差率来确定的，一般实行计量化比较合适。破损率越高，则安全性越差。

(4)便利性。单纯以便利性计量化是比较困难的，理想的办法是具体情况具体分析。

68. 选择运输线路的问题有哪几个基本类型？

答：(1)起讫点不同的单一问题。对分离的、单个始发点和终点的网络运输路线选择问题，最简单和直观的方法是最短路线法。

(2)多起讫点问题。如果有多个货源地可以服务多个目的地，那么面临的问题就是，要指定各目的地的供货地，同时要找到供货地、目的地之间的最佳路径。

(3)起讫点重合的问题。这类问题求解的目标是寻求访问各点的次序，以求运行时间或距离最小化。

69. 何谓运输合理化？

答：运输合理化是指在实现物质实体从生产地到消费地转移的过程中，运用系统理论和系统工程原理和方法，充分有效地选择合理的运输工具和运输路线，以最短的距离、最少的环节、最快的时间、最小的成本，及时、迅速、按质和安全地完成运输任务。

70. 运输合理化五要素包括哪些内容？

答：(1)运输距离。在运输时，运输时间、运输货损、运费、车辆或船舶周转等运输的若干技术经济指标，都与运距有一定比例关系，运距长短是运输是否合理的一个最基本因素。

(2)运输环节。每增加一次运输，不但会增加起运的运费和总运费，而且必然增加运输的附属活动，如装卸、包装等，各项技术经济指标也会因此下降。

(3)运输工具。各种运输工具都有其适用的优势领域，对运输工具进行优化选择，按运输工具特点进行装卸运输作业，最大程度地发挥所用运输工具的作用，是运输合理化重要的一环。

(4)运输时间。运输是物流过程中需要花费较多时间的环节，尤其是远程运输，在全部物流时间中，运输时间占绝大部分，所以，运输时间的缩短对整个流通时间的缩短有决定性的作用。

(5)运输费用。运费在全部物流费用中占很大比例，运费高低在很大程度上决定整个物流系统的竞争能力。

71. 运输合理化的途径有哪几个方面？

答：(1)合理配置运输网络；

(2)选择最佳的运输方式；

(3)提高运行效率；

(4)尽量发展直达运输；

(5)采用先进的科学技术；

(6)推进共同运输。

72. 何谓运输网络?

答:运输网络是指由若干个收发货“节点”与其之间的“连线”所构成的组织网络以及与之相伴随的信息流网络的有机系统。

73. 运输网络的合理配置应考虑哪些方面?

答:运输网络研究的中心问题是确定生产地和消费地的位置,各层级仓库及流通层次的位置、规模和数量。企业在规划运输网络时,需要考虑其经营战略、销售政策等重要因素。物流中心的设置应有利于货物直送比率的提高。物流中心的数量、布局等问题应该整体规划,统一考虑,这样才能既满足销售需要,又能减少交叉、迂回、空载等不合理运输,完善和优化物流网络,降低运输成本,提高竞争能力。

74. 何谓不合理运输以及不合理运输形式主要有哪些?

答:不合理运输是在现有条件下可以达到的运输水平而未达到,从而造成了运力浪费、运输时间增加、运费超支等问题的运输形式。

主要的不合理运输形式有:

(1)返程或起程空驶;

(2)对流运输;

(3)迂回运输;

(4)重复运输;

(5)倒流运输;

(6)过远运输;

(7)运力选择不当;

(8)托运方式选择不当。

75. 造成空驶的不合理运输主要有哪些原因?

答:(1)能利用社会化的运输体系而不利用,却依靠自备车送货提货,这往往出现单程重车、单程空驶的不合理运输。

(2)由于工作失误或计划不周,造成货源不实,车辆空去空回,形成双程空驶。

(3)由于车辆过分专用,无法搭运回程货,只能单程实车、单程回空周转。

76. 如何理解对流运输?

答:对流运输亦称“相向运输”“交错运输”,指同一种货物,或彼此间可以互相代用而又不影响管理、技术及效益的货物,在同一线路上或平行线路上做相对方向的运送,而与对方运程的全部或一部分发生重叠交错的运输。已经制订了合理流向图的产品,一般必须按合理流向的方向运输,如果与合理流向图指定的方向相反,也属对流运输。有的对流运输是不很明显的隐蔽对流,例如不同时间的相向运输,从发生运输的那个时间看,并无出现对流。

77. 如何理解迂回运输?

答:迂回运输是舍近取远的一种运输,指可以选取短距离进行运输,却选择路程较长路线进行运输的一种不合理形式。迂回运输有一定复杂性,只有当计划不周、地理不熟、组织不当而发生的迂回,才属于不合理运输;如果最短距离有交通阻塞、道路情况不好或有对噪声、排气等特殊限制而不能使用时发生的迂回,不能称不合理运输。

78. 简述重复运输的两种形式。

答:(1)本来可以直接将货物运到目的地,但是在未达目的地之前,或在目的地之外的其他场所将货卸下,再重复装运送达目的地。

(2)同品种货物在同一地点运进的同时又向外运出。

79. 何谓倒流运输？为什么说倒流运输的不合理程度要甚于对流运输？

答：倒流运输是指货物从销地或中转地向产地或起运地回流的一种运输现象。其不合理程度要甚于对流运输，原因在于往返两程的运输都是不必要的，形成了双程的浪费。

80. 如何理解过远运输？

答：过远运输是指调运物资舍近求远，近处有资源不调而从远处调，这就造成可采取近程运输而未采取、拉长了货物运距的浪费现象。过远运输占用运力时间长，运输工具周转慢，物资占压资金时间长，远距离自然条件相差大，又易出现货损，增加了费用支出。

81. 何谓运力选择不当？常见的运力选择不当有哪几种形式？

答：运力选择不当是指没有发挥运输工具优势，不正确地利用运输工具造成的不合理现象。

常见的运力选择不当有以下形式：

(1)弃水走陆。弃水走陆指在同时可以利用水运及陆运时，不利用成本较低的水运或水陆联运，而选择成本较高的铁路运输或汽车运输，使水运优势不能发挥。

(2)铁路、大型船舶的过近运输。指不是铁路及大型船舶的经济运行里程却利用这些运力进行运输的不合理做法。主要不合理之处在于铁路货车及大型船舶起运及到达目的地的准备、装卸时间长，且机动灵活性不足，在过近距离中利用，发挥不了运速快的优势。相反，由于装卸时间长，反而会延长运输时间。另外，和小型运输设备相比，铁路货车及大型船舶装卸难度大，费用也较高。

(3)运输工具承载能力选择不当。不根据承运货物数量及重量选择，而盲目决定运输工具，造成过分超载、损坏车辆及货物不满载、浪费运力的现象，尤其是“大马拉小车”现象发生较多。由于装货量小,单位货物运输成本必然增加。

82. 如何对运输方案进行优化?

答:(1)评判原有运输方案。分析原有运输方案是否存在不合理运输现象,做出准确评判。

(2)对原方案进行优化。对运输方案中存在的不合理运输现象进行修正,采取多种合理化运输措施优化运输方案。

第六章　流通加工

1. 简述流通加工的意义。

答:(1)流通加工完善了流通环节的衔接。流通加工是具有补充、完善、提高、增强作用的功能要素,它能起到运输、储存等其他功能要素无法起到的作用。

(2)流通加工是物流中的重要利润源。流通加工是一种低投入高产出的加工方式,往往以简单加工解决大问题。

(3)流通加工是国民经济中的重要产业形态。在整个国民经济的组织和运行方面,流通加工是其中一种重要的加工形态,对推动国民经济的发展、完善国民经济的产业结构和生产分工有一定的意义。

2. 简述流通加工在物流中的作用。

答:(1)能改变功能,促进销售,提高收益。

(2)能提高原材料和加工设备的利用率。

(3)能提高物流效率,降低物流成本。

(4)能促进物流合理化。

3. 流通加工是如何促进物流合理化的?

答:(1)能方便配送。因为物流企业自行安排流通加工与配送,流通加工是配送的前提,根据流通加工形成的特点布置配送,使必要的辅助加工与配送很好地衔接,能使物流全过程顺利完成。

(2)能充分发挥各种运输手段的最高效率。因为流通加工环节一般设置在消费地,流通过程中衔接生产地的大批量、高效率、长距离的输送和衔接消费地的多品种、少批量、多用户、短距离的输送之间,存在着很大的供需矛盾,而通过流通加工就可以较为有效地解决这个矛盾。

4. 流通加工与生产加工的区别主要表现在哪些方面?

答:(1)加工对象不同。流通加工的对象是进入流通过程的商品,具有商品的属性。生产加工的对象是原材料、零配件、半成品,不是最终产品。

(2)所处环节不同。流通加工是在流通过程中的加工,生产加工是在生产过程中的加工。

(3)加工程度不同。流通加工大多是简单加工,是生产加工的一种辅助及补充,它绝不能取消或代替生产加工。生产加工是复杂加工。

(4)附加价值不同。流通加工是完善产品的使用价值,并在不做大的改变的情况下提高价值。生产加工的目的在于创造价值及使用价值。

(5)加工单位不同。流通加工由商业或物资流通企业密切结合流通的需要进行组织加工来完成。生产加工由生产企业完成。

(6)加工目的不同。流通加工是除了以消费为目的所进行的加工,有时也是以自身流通为目的所进行的加工,纯粹是为流通创造条件。生产加工是以交换、消费为目的的商品生产。

5. 简述流通加工的主要类型。

答:(1)为满足用户多样化需求的流通加工。

(2)为方便消费的省力的流通加工。

(3)为保护产品所进行的流通加工。

(4)为弥补生产领域加工不足的流通加工。

(5)为促进销售的流通加工。

(6)为提高加工效率的流通加工。

(7)为提高物流效率,降低物流损失的流通加工。

(8)为衔接不同运输方式,使物流更加合理的流通加工。

(9)生产一流通一体化的流通加工。

(10)为实施配送进行的流通加工。

6. 流通加工如何有效衔接不同的运输方式?

答:在干线运输和支线运输的节点设置流通加工环节,可以有效解决大批量、低成本、长距离的干线运输与多品种、少批量、多批次的末端运输和集货运输之间的衔接问题。在流通加工点与大生产企业间形成大批量、定点运输的渠道,以流通加工中心为核心,组织对多个用户的配送,也要在流通加工点将运输包装转换为销售包装,从而有效衔接不同目的的运输方式。

7. 如何理解生产-流通一体化的流通加工形式?

答:依靠生产企业和流通企业的联合,或者生产企业涉足流通,或者流通企业涉足生产,形成的对生产与流通加工进行合理规划、合理组织、合理分工,统筹进行生产与流通加工的安排,这就是生产-流通一体化的流通加工形式。这种形式可以促成产品结构及产业结构的调整,充分发挥企业集团的经济技术优势,是目前流通加工领域的新形式。

8. 初级流通加工主要包括哪些作业内容?

答:(1)拆箱作业。拆箱作业是根据单品拣货的拆箱割箱作业,一般发生在流通加工区、散装拣货区等。

(2)裹包。裹包是用纸、塑料薄膜、铝箔、复合薄膜等柔性材料,将物品包覆起来的包装方法,一般发生在流通加工区、集货区等。

(3)多种物品集包。多种物品集包是根据客户需求将数件、数种物品集成小包装或附赠品包装的包装方式,一般发生在流通加工区、集货区等。

(4)外部外箱包装。外部外箱包装是根据运输配送需求将物品装箱或以其他方式外部包装的包装方法,一般发生在流通加工区、集货区等。

(5)发货物品称重。发货物品称重是根据运输配送需求或运费计算需要对发货物品进行的称重作业,一般发生在流通加工区、发货暂存区、称重作业区等。

(6)附印条形码文字。附印条形码文字是根据顾客需求在发货物品外箱或外包装印制有关条形码文字的作业,一般发生在流通加工区、分类区等。

(7)印制粘贴标签。印制粘贴标签是根据顾客需求印制条形码文字标签并贴附在物品外部的作业,一般发生在流通加工区、分类区等。

9. 简述深度流通加工的共同特点。哪些流通加工活动属于深度流通加工?

答:深度流通加工的附加值比较高。不同商品的深度流通加工差别较大,其共同特点是在不改变商品性能的前提下完善和提高使用性能。钢材流通加工、木材流通加工、水泥流通加工、机电产品的流通加工活动都属于深度流通加工。

10. 什么是生产资料?具有代表性的生产资料的流通加工主要包括哪些品种?

答:生产资料是人们在生产过程中所使用的劳动资料和劳动对象的总称,是企业进行生产扩大再生产的物质要素。

生产资料的范围很广,品种规格十分复杂,具有代表性的生产资料的流通加工主要包括钢材的流通加工、木材的流通加工、煤炭的流通加工以及机电产品的流通加工。

11. 什么是木材的流通加工?木材的流通加工一般有哪两种情况?

答:木材的流通加工是指对木材进行磨制、压缩和锯裁以方便装车、捆扎、运输。

木材的流通加工一般有木材生产地物流流通加工和木材消费地物流流通加工两种情况。

12. 简述煤炭流通加工的主要形式。

答:煤炭的流通加工有多种形式,如除矸石加工、煤浆加工、配煤加工等。

(1)除矸加工。除矸加工是以提高煤炭纯度为目的的加工形式。

(2)煤浆加工。在煤炭流通的起始环节将煤炭磨成细粉,本身便有了一定的流动性,再用水调和成浆状,这样煤炭就可以像其他液体一样进行管道输送。

(3)配煤加工。配煤加工是通过设置集中加工点,将各种煤炭以及其他的一些发热物质,按照不同配方进行掺配加工,生产出各种不同发热量的燃料。

13. 简述机电产品流通加工的特点。

答:机电产品的流通加工主要是针对一些组装技术要求不高的产品,如自行车及中小型电机之类的产品,在流通中进行组装加工的加工方式。机电产品不易进行包装,储运困难较大,但是其装配比较简单,装配技术要求不高,主要功能已在生产中形成,装配后不需要进行复杂的检测及调试。所以,为了解决储运问题,降低储运费用,可以采用半成品大容量包装出厂,在消费地拆箱组装的方式。组装一般由流通部门在所设置的流通加工点进行,组装之后随即进行销售。

14. 简述食品流通加工的特点及其组成。

答:食品具有与其他商品不同的特殊属性,即保鲜和加工。食品的流通加工可以起到保鲜、便于保存,提高流通效率的作用,是流通加工中的重要组成部分。食品的流通加工包括生鲜食品的流通加工和易腐物品的防腐处理。

15. 生鲜食品流通加工的方法主要有哪些?

答:(1)冷冻加工;

(2)分选加工;

(3)农副产品的精制加工;

(4)分装加工。

16. 易腐物品主要包括哪些? 对易腐物品进行防腐处理的方法主要有哪两种?

答:所谓易腐物品,主要指肉、鱼、蛋、水果、蔬菜、鲜活植物等物品。这些物品在流通过程中容易腐烂变质,要进行一些加工处理以保持原有的使用价值。冷冻加工和低温冷藏是对易腐物品进行防腐的两种主要方法。

17. 如何进行流通加工作业计划的编制?

答:一般而言,编制流通加工作业计划的首要任务是汇总加工订单,确认不同加工类型的加工任务量,在此基础上进行加工能力评价,安排加工批次、进度及加工人员。最后,由加工车间人员根据加工批次、加工调度,协调不同量商品间的加工关系,满足配送要求。不同类型的配送中心,其物流运作各不相同,其流通加工作业计划亦有很大的不同。

18. 简述流通加工合理化的含义。

答:流通加工合理化的含义是实现流通加工的最优配置,也就是对是否设置流通加工环节,在什么地方设置,选择什么类型的加工,采用什么样的技术装备等问题做出正确抉择。这样做不仅要避免各种不合理的流通加工形式,还要做到最优。

19. 不合理的流通加工有哪些形式?

答:(1)流通加工地点设置不合理。
(2)流通加工方式选择不当。
(3)流通加工作用不大,形成多余环节。
(4)流通加工成本过高,效益不好。

20. 为什么流通加工地点一般设置在需求地区?

答:一般来说,为衔接单品种大批量生产与多样化需求的流通加工,加工地点设置在需求地区,才能实现大批量的干线运输与多品种末端配送的物流优势。如果将流通加工地点设置在生产地区,一方面,为了满足用户多样化的需求,会出现多品种、小批量的产品由产地向需求地的长距离运输;另一方面,在生产地增加了一个加工环节,同时也会增加近距离运输、保管、装卸等一系列物流活动。所以,在这种情况下,不如由原生产单位完成这种加工而无须设置专门的流通加工环节。

21. 流通加工方式主要包括哪些方面?

答:流通加工方式主要包括流通加工对象、流通加工工艺、流通加工技术、流通加工程度等。

22. 实现流通加工合理化主要包括哪些方面?

答:(1)流通加工和配送相结合。
(2)流通加工和配套相结合。
(3)流通加工和合理运输相结合。
(4)流通加工和合理商流相结合。
(5)流通加工和节约相结合。

23. 流通加工和配送相结合的优势有哪些?

答:流通加工和配送相结合,这是当前对流通加工做出合理化选择的重要形式,在煤炭、水泥等产品的流通中已表现出了较大的优势。将流通加工设置在配送点中,一方面按配送的需要进行加工,另一方面加工又是配送业务流程中分货、拣货、配货之一环,加工后的产品直接投入配货作业,这就无须单独设置一个加工的中间环节,使流通加工有别于独立的生产,而使流通加工与中转流通巧妙结合在一起。同时,由于配送之前有加工,可使配送服务水平大大提高。

24. 流通加工如何促进干线运输和支线运输的合理化?

答:利用流通加工,在支线运输转干线运输或干线运输转支线运输等本来就必须停顿的环节,不进行一般的支转干或干转支,而是按干线或支线运输合理的要求进行适当加工,从而大大提高运输及转载水平。

25. 简述配送中心流通加工作业组织流程。

答:(1)接受任务。接受上级下达的流通加工任务时,应明确流通加工要求,详细了解其要采用的流通加工方式。

(2)请领物品。在明确流通加工要求后,可根据要求到相关部门领取待加工材料和加工工具等。

(3)加工作业。作业时应注意加工工具的正确使用,正确放置;操作过程中严格遵守操作规程,注意人身、设备、物品的安全。在加工过程中合理安排、合理套裁,在满足用户要求的前提下,达到用料最省、成本最低、效率最高。

(4)填写作业清单。加工完毕后,认真填写作业清单,按要求传递给下一环节。

(5)作业后整理。作业完毕后,做好清洁、整理工作,并将边角余料放至指定位置。

26. 为什么在投资决策、设置流通加工点、从事流通加工业务前，必须进行可行性分析？

答：流通加工虽然有许多优越性，但毕竟是在产需之间增加了一个中间环节，它延长了商品的流通时间，增加了商品的生产成本，也存在着许多降低经营效益的因素。因此，投资决策、设置流通加工点、从事流通加工业务前必须进行认真的可行性分析。

27. 从事流通加工业务，必须从哪些方面进行可行性分析？

答：(1)设置流通加工环节的必要性；

(2)设置流通加工环节的经济性；

(3)投资决策和经济效果评价。

28. 流通加工的管理包括哪几个方面？

答：(1)流通加工的投资管理；

(2)流通加工的生产管理；

(3)流通加工的质量管理。

29. 简述流通加工生产管理的含义。

答：流通加工的生产管理是指对流通加工生产全过程的计划、组织、指挥、协调与控制，包括生产计划的制定，生产任务的下达，人力、物力的组织与协调，生产进度的控制等。

30. 简述流通加工质量管理的含义。

答：流通加工的质量管理，是指对加工产品质量和服务质量的管理。由于加工成品一般是国家质量上没有规定的品种和规格，因此，其质量的掌握，主要是满足用户的要求。由于各用户的要求不一，质量宽严程度也就不同，所以要求流通加工必须能进行灵活的柔性生产，以满足不同用户对质量的不同要求。

第七章　客户服务

1. 简述对客户概念的理解。

答:对企业来讲,外延的客户是指市场中广泛存在的、对企业的产品和服务有不同需求的个体和消费群体;内涵的客户是指企业的供应商、分销商,以及下属的不同职能部门、分公司、办事处、分支机构等。客户是相对于产品或服务的提供者而言的,是所有接受产品或服务的组织和个人的统称。

2. 简述客户服务的范畴。

答:客户服务是指企业与客户交互的一个完整过程,包括听取客户的问题和要求、对客户的需求作出反应,并探询客户新的需求。广义上讲,任何能提高客户满意程度的项目,都属于客户服务的范畴。

3. 何谓铁路货运客户?

答:铁路货运客户指与国铁企业签订货运、物流合同的单位和个人,以及委托第三方办理铁路货运、物流业务的单位和个人。

4. 铁路货运客户是如何分类的?

答:铁路货运客户分为核心客户、重要客户、一般客户。核心客户由国铁集团认定,全路通用。重要客户由各铁路局集团公司认定,管内通用。核心客户、重要客户以外的其他客户为一般客户。国铁集团所属单位不纳入核心客户、重要客户认定范围。

5. 铁路货运客户如何办理核心客户、重要客户的申请?分别由哪个单位受理申请?

答:客户通过95306平台提出成为核心客户、重要客户的申请。核心客户申请由国铁集团货运部受理,经货运部审核通过后通知客户。重要客户申请由铁路局集团公司受理,具体流程和要求由铁路局集团公司参照核心客户要求，结合管内实际情况自定，原则上核心客户、重要客户贡献的运量或收入应达到本局集团公司的60％以上。

6. 对核心客户进行综合评价包括哪些方面？

答：根据客户贡献度、诚信度、忠诚度，对核心客户进行综合评价。

(1)贡献度指运量和运费，核心客户年运量应达到2 000万t及以上，或年运费(货运总收入)应达到20亿元及以上。

(2)诚信度指运输物流合同和协议履行情况，托运人义务履行情况。近两年内有以下问题的，原则上不得纳入核心客户：

①连续两年因自身原因导致煤炭中长期合同履约率低于90％；

②因未履行运输合同或物流总包合同，造成铁路重大利益损失的；

③因匿报、瞒报货物品名或违规夹带危险货物运输造成较大及以上铁路交通事故；

④为达到核心客户条件，弄虚作假拼凑运量和运费；

⑤有其他严重违约、违规行为，造成铁路重大利益损失或不良社会影响。

(3)忠诚度指近年内铁路运量变化趋势，连续两年铁路运量出现负增长，且铁路运量占比下降，原则上不得纳入核心客户。

7. 核心客户差异化服务主要包括哪些内容？

答：(1)建立双方高层领导会晤机制，国铁集团货运部指定专属客户代表，有关铁路局集团公司指定联络员，加强日常沟通协调。

(2)优先签订战略合作协议，拓展全方位合作。

(3)按照运力配置相关规定优先配置运力。

(4)开行直达列车、货运班列和使用场站资源等方面优先保障。

(5)提供个性化物流解决方案和货运信息共享服务，提供95306总部账号。

(6)在运输费用结算方面给予相应优惠政策。

(7)签订量价捆绑合同时，可减免保证金。

(8)提供95306平台免费宣传展示服务。

(9)享受全路范围内乘车绿色通道服务。

8. 重要客户差异化服务主要包括哪些内容？

答：重要客户差异化服务主要包括以下内容，铁路局集团公司可根据实际情况优化调整。

(1)建立双方工作沟通机制，铁路局集团公司指定专属客户代表，加强日常沟通协调。

(2)按照运力配置相关规定优先配置运力。

(3)开行直达列车、货运班列、使用场站资源等方面优先保障。

(4)提供个性化物流解决方案和货运信息共享服务，提供95306总部账号。

(5)优先提供95306平台宣传展示服务。

(6)享受铁路局集团公司管内乘车绿色通道服务。

9. 铁路客户档案管理是如何进行维护的？

答：铁路客户档案分为总档案和区域分档案两个层级，均通过95306平台维护。

核心客户总档案由国铁集团货运部负责维护，区域分档案由铁路局集团公司货运部维护。

重要客户总档案由铁路局集团公司货运部负责维护，区域分档案由物流中心根据需要维护。

一般客户总档案由95306平台自动生成，区域分档案由物流中心根据需要维护。

10. 铁路客户档案信息包括哪几个部分？每部分信息是如何进行维护的？

答：铁路客户档案包括基本信息、运输信息和补充信息三部分。

(1)基本信息中的客户名称、客户简介、客户级别、法人代表、联系人等，原则上由95306平台根据客户注册信息、客户评级信息自动生成。主要产品及年产量、主要原材料及年需求量等信息由人工维护，并按要求及时更新。

(2)运输信息主要包括铁路运量信息、其他运输方式运量信息。铁路运量信息由95306平台自动生成，其他运输方式运量信息由人工维护或通过数据共享方式采集，并按要求及时更新。

(3)补充信息主要是与客户生产经营相关的数据，根据需要采集和更新。

11. 简述物流服务的重要作用。

答：(1)物流服务成为市场细分营销的重要环节。

(2)物流服务水准的确立对经营绩效具有重大影响。

(3)物流服务方式的选择对降低流通成本具有重要影响。

(4)物流服务有效推动供应链的运作。

12. 何谓物流客户服务？

答：物流客户服务是指物流企业为促进其产品或服务的销售，发生在客户与物流企业之间的相互活动。

13. 如何理解物流客户服务的内涵？

答：物流客户服务满足货主的要求，保障供给。在量上，满足货主在适量性、多批次、广泛性上的需求；在质上，满足货主安全、准确、迅速、经济等方面的需求。具体包括运输与配送、保管、装卸搬运、包装、流通加工等，以及与其相关联的物流信息。

14. 从物流服务的过程来看，物流客户服务的要素分为哪几部分？

答：从物流服务的过程来看，物流客户服务可以分为交易前要素、交易中要素和交易后要素三部分，每部分都包含了不同的服务要素。

15. 物流客户服务的交易前要素是什么？

答：物流客户服务的交易前要素是指产品销售前为客户提供各种服务的要素，如制定和宣传客户服务政策、完善客户服务组织，使之能按客户的要求提供各种形式的帮助。

16. 如何认识物流客户服务的交易中要素对客户满意度具有重要影响？

答：物流客户服务的交易中要素是指在将产品从供应方向客户实际运送过程中的各种服务要素，这些服务与客户有着直接的关系，是制定客户服务目标的基础。因此，这些服务对客户满意度具有重要影响。

17. 物流客户服务的交易后要素是什么？

答：物流客户服务的交易后要素是指产品销售和运送后，根据客户要求提供的后续服务的各项要素，如设备安装、变更维修零部件、售后维修及维护、零配件供应、产品包装、处理客户投诉等。

18. 简述物流服务与客户服务的关系。

答：企业物流服务属于客户服务的范围，物流服务围绕客户期望的物品、期望的传递时间和期望的质量开展。

19. 企业物流服务从哪几个方面满足客户对物流的需求?

答:(1)备货保证。对于客户所期望的物品要有足够的库存。

(2)输送保证。在客户期望的时间内及时输送物品,包括物品长距离的运输保证和近距离的配送保证。

(3)品质保证。质量应保证符合客户的期望。

20. 如何理解物流的基本服务?

答:物流基本服务通过功能要素的活动实现,包括包装、运输与配送、储存、流通加工,以及相关的物流信息。物流基本服务实现物品的空间效用、时间效用和流通加工效用,是向所有的顾客提供支持的最低的服务水准。

21. 创造时间效用服务涵盖哪几项内容?

答:①调节供需与价格;②调节物品运输;③调节库存,保障供给。

22. 简述对流通加工效用服务的理解。

答:流通加工是在流通过程中,应客户要求对物品进行的外形和包装加工。流通加工的作用是促进销售、维护产品质量、实现物流的高效率,流通加工是物流作业中最明显的客户服务功能要素。

23. 度量物流服务质量的指标有哪些?

答:①人员沟通质量;②订单释放数量;③信息质量;④订购过程;⑤货品精确率;⑥货品完好程度;⑦货品质量;⑧误差处理;⑨时间性。

24. 简述物流服务管理的概念及目的。

答:物流服务管理是一种了解和创造客户需求,以实现客户满意为目的,企业全员、全过程参与的经营行为和管理方式。

物流服务管理的目的是以适当的成本实现高质量的顾客服务。

25. 物流服务管理的基本准则包括哪些内容?

答:(1)向市场导向转变。

(2)转向一般消费者群。

(3)制定多物流服务组合。

(4)开发对比性物流服务。

(5)注重物流服务的发展性。

(6)重视物流服务与社会系统的吻合。

(7)建立能把握市场环境变化的物流服务管理体制。

(8)建设与完善物流中心。

(9)构筑信息系统。

(10)不断对物流服务的绩效进行评估。

26. 物流服务的管理流程主要包括哪些步骤?

答:(1)从客户的角度进行评估,确定客户真正重视的物流服务要素。

(2)收集竞争对手的客户服务信息,弄清各自的优劣势。

(3)分析比较,调整物流服务水平。

(4)针对不同客户需求,确定适宜的物流服务组合战略。

(5)评价物流服务绩效,调整物流服务组合战略。

27. 物流企业应采取哪些措施来调整对客户服务的决策?

答:由于不同的客户对客户服务有不同的要求,企业希望以最低的成本来留住老客户和吸引新用户，因此，物流企业应适当采取以下措施来调整对客户服务的决策。

(1)差别化服务；

(2)集成化服务；

(3)不同物流企业间实行要素协同化；

(4)提升客户满意度，建立忠诚的客户关系；

(5)重视社会资本经营，从战略角度提高客户服务水平。

28. 如何通过差别化服务调整对客户服务的决策？

答：差别化服务通过细分客户群，重新进行目标市场的定位，了解不同客户的需要情况和目前的满足情况，发现哪些客户服务需要进行较大的改进。对相对稳定、业务量大的客户群采用更及时、优质和多样化的服务，有利于加强供应商的联系，有利于双方构建长期合作关系，为物流企业带来稳定的利润源，同时增加其客户价值。

29. 集成化服务如何提高客户满意度和客户服务质量？

答：集成化服务是构成现代物流体系的重要组成部分，是提高物流服务效率的重要技术保障，是提升客户服务质量的重要内容。实现物流流动各环节的实时跟踪、有效控制和全程管理，进而保证供应链快捷顺畅运作，就需要一个完善的信息收集、整理、发布、跟踪、查询系统。信息集成使系统地管理物流成为可能，从而有效地缩短供应渠道，减少备货时间，加快企业的反应速度，提高客户满意度和客户服务质量。

30. 供应链客户服务管理水平的高低主要取决于什么？评价供应链性能的关键因素主要有哪些？

答：供应链客户服务管理水平的高低主要取决于供应链性能水平的高低。

评价供应链性能的关键因素主要有速度、柔性、质量、成本、服务和库存水平。

31. 如何理解客户关系管理的概念及其内涵?

答:客户关系管理是企业以客户关系为重点,通过开展系统化的研究,不断改进与客户相关的全部业务流程,使用先进的技术优化管理,提高客户满意度和忠诚度,实现电子化、自动化运营目标,提高企业的效率和效益的过程。其内涵是企业利用信息技术和互联网技术,实现对客户的整合营销,是以客户为核心的企业营销的技术实现。

32. 简述物流客户关系管理的含义及其主要内容。

答:物流客户关系管理是把物流的各个环节作为一个整体,从整体的角度进行系统化管理。它并不是单纯地管理软件和技术,而是融合了企业经营理念及生产管理、市场管理和客户服务等内容的管理方法。

其主要内容有以下四个方面:

(1)物流客户识别与管理。

(2)物流客户满意度管理。

(3)物流客户服务的开发。

(4)巩固物流客户。

33. 如何理解客户满意度?

答:客户满意度来源于市场营销理论的基本概念。满意度是客户满足情况的反馈,它表示客户在每一个满意属性上的深度,是对满意的量化界定方法,是客户对所消费的产品、服务的满意状态和程度,是由事先期望与实际感受之比构成的。

34. 客户满意度分为哪两种？其内容分别是什么？

答：客户满意度分为行为意义上的客户满意度和经济意义上的客户满意度。

(1)行为意义上的客户满意度，是客户在历次购买活动中逐渐积累起来的连续的状态，是一种经过长期沉淀而形成的情感诉求，它是一种不仅仅限于“满意”和“不满意”两种状态的总体感觉。

(2)经济意义上的客户满意度，可以从其重要性方面加以理解。企业的客户服务处于一般水平时，客户的反应不大，一旦其服务质量提高或降低一定限度，客户的赞誉或抱怨将呈数倍的增加。

35. 从宏观和微观两个方面分析实施客户满意度的重要性。

答：(1)从宏观角度来看。客户满意度满足客户及社会需要，促进国民经济持续发展；适应全球经济一体化趋势；有利于提高企事业核心竞争能力，扩大市场份额；提升企业客户满意意识。

(2)从微观角度来看。客户满意度充分了解企业的用户及潜在用户的需求；改善企业的公共关系及形象，增加企业获得各种商业的机会；确保企业得到各种正确的反馈信息，减少企业拓展、投资、改进中的失误；提高企业的市场决策管理水平和工作效率，以提高企业的市场竞争能力；提高企业的综合经济效益。

36. 建立物流客户满意度测评指标体系，应该遵循哪些原则？

答：(1)建立客户满意度测评指标体系，必须是客户认为重要的。因此，要准确把握客户的需求，选择客户认为是最关键的测评指标。

(2)测评指标必须能够控制。客户满意度测评会使客户产生新的期望，促使企业采取改进措施，但是如果企业无条件或没有能力改进，则应该不采用这类测评指标。

(3)测评指标必须是可测量的。客户满意度测评的结果是一个量化的值,因此设定的测评指标必须是可以进行统计、计算和分析的。

(4)建立客户满意度测评指标体系还需考虑到与竞争者的比较。

37. 物流客户满意度测评指标体系应划分为哪几个层次较为合理?

答:物流客户满意度测评指标体系是一个多指标的结构,运用层次化结构设定测评结果,能够由浅入深、清晰地表述客户满意度测评指标体系的内涵。通过长期实践总结,将测评指标体系划分为四个层次较为合理。

第一层次:总的测评目标"客户满意度指数"为一级指标。

第二层次:客户满意度指数模型中的六大要素——客户期望、客户对质量的感知、客户对价值的感知、客户满意度、客户抱怨、客户忠诚度,为二级指标。

第三层次:由二级指标具体展开而得到的指标,符合不同行业、企业产品或服务的特点,为三级指标。

第四层次:三级指标具体展开为问卷上的问题,形成四级指标。

测评体系中的一级和二级指标适用于所有的产品和服务,三级和四级指标根据具体的产品或服务的特点而定。

38. 提高物流客户满意度的方法主要有哪些?

答:(1)为客户提供个性化的产品和及时的服务。

(2)增强客户体验。

(3)制定服务质量标准。

(4)重视客户关怀。

39. 物流服务质量主要包括哪些内容?

答:(1)商品质量。它是指商品在运送过程中对原有质量的保证。

(2)物流服务质量。它是物流服务固有的特性,即满足物流客户和其他相关要求的能力。

(3)物流工作质量。它是指物流服务各环节、各岗位具体的工作质量。这是对物流企业内部而言的,是在一定标准下的物流质量内部控制。

40. 简述铁路货物运输服务和铁路货物运输服务质量的概念。

答:铁路货物运输服务是指为满足客户安全、完整、准时运送货物的需求,铁路运输企业与客户接触的活动和铁路运输企业内部经营活动所产生的结果。

铁路货物运输服务质量是指铁路货物运输服务满足客户货物运输需求的程度。

41. 铁路货物运输服务具体涉及哪些方面?

答:铁路货物运输服务涉及咨询服务、货运受理、货运计费、兑现装车、途中运行、追踪查询、到达服务、装卸作业、接取送达、投诉处理、理赔服务、货运标识、货运设施设备、信息服务等方面。

42. 简述物流客户服务质量体系的概念及作用。

答:物流客户服务质量体系是为实施物流服务质量管理所需的组织结构、程序、过程和资源。

物流客户服务质量体系一般是按照 ISO 9000 系列标准构建的,其作用是为了达到和保持物流客户服务质量的目标。

43. 质量管理体系结构是进行物流客户服务质量管理的基本框架,具体包括哪几个部分?

答:(1)组织结构。质量管理体系的组织结构是组织为行使质量管理职能的一个组织管理的框架,其重点是将组织的质量方针、目标层层展开成多级的职能，再转化分解到各级、各类人员的质量职责和权限，明确其相互关系。

（2）程序文件。程序是为进行某种活动所规定的途径。对于服务质量体系，所有程序必须最终形成程序文件，使之有章可循。程序文件是质量体系可操作性的具体体现，是质量体系得以有效运行的可靠保证。

（3）控制过程。控制的过程就是要使执行情况与预期目标保持一致，确保预期目标的实现。

（4）资源要素。构成物流客户服务质量管理体系的资源要素包括信息资源、人力资源和物质资源三部分。

44. 简述构成物流客户服务质量管理体系的资源要素的内容。

答：（1）信息资源。物流客户服务质量管理应当有效地利用来自客户、员工、企业管理层以及社会公众的质量反馈信息，并对它们进行必要的分析，使之成为质量控制和改进的依据。

（2）人力资源。人力资源对于能否实施有效的质量管理具有决定性的因素，要充分发挥人力资源的作用，应当发挥企业高层管理者的领导作用，不断向员工提供质量培训，鼓励员工自己解决质量问题，并且对员工进行适当的激励。

（3）物质资源。建立完善的质量体系需要对服务工具、通信设备、信息系统等基础设施投入大量的资金。

45. 物流客户服务过程的质量管理可以分为哪几个主要过程？

答：（1）物流客户服务市场研究与开发的管理。

（2）物流客户服务设计的质量管理。

（3）物流客户服务提供过程的质量管理。

46. 物流客户服务提供过程包括哪些内容？

答：物流客户服务提供过程是将服务从服务方提供到服务消

费者的过程，是客户参与的主要过程，内容包括物流客户服务提供方的评定、物流客户的评定、不合格物流客户服务的补救等。

47. 主要从哪些方面进行物流客户质量管理体系的评价？

答：(1)始终坚持让客户满意的目标。让客户满意不但是全面质量管理的目标，也是物流客户服务质量管理的指导思想，不仅要求企业提供满足客户现有需要的物流服务，而且要不断开发新的服务项目以适应客户需求的变化。

(2)实现全过程的质量管理。企业所构建的物流客户服务体系应当能够实现全过程的质量管理。

(3)有全面的质量观念。全面的质量观念不仅要求重视物流客户服务提供过程中的质量保证和控制，还要求重视与之相关的所有工作质量。

(4)重视全员参与。企业的物流客户服务活动是涉及各个部门，由各项工作组成的整体，因此，从企业的负责人到与物流活动相关的具体操作人员、后勤人员都通过自己的工作直接或间接地影响着物流服务质量。

(5)以数据作为质量管理基础。对物流客户服务进行全面的质量管理是建立在数据统计基础上的，应当尽量避免在分析和解决质量问题时凭直观、凭经验的做法。

(6)有科学的工作程序。按照全面质量管理的思想构建的物流客户服务应当有科学的工作程序，即 PDCA 循环。PDCA 循环四个字母分别代表计划(plan)、实施(do)、检查(check)、处理(action)，四个环节不断地循环运动，每经历一个循环解决一个主要问题，服务质量就提高一步。

48. 通过哪些方法能改进物流客户服务质量管理？

答：(1)营造持续改进物流服务的良好环境。在企业内部营造良好的环境,要员工通过学习明确改进物流服务质量的目标和目的,要让他们理解现代质量管理的真正内涵,了解服务质量测评的方法,从而改进客户服务质量。

(2)设定物流服务质量标杆。企业要把行业中具有竞争力的佼佼者作为横向比较的对象,并且结合企业实际,明确企业自身的服务质量改进战略,制定相应的改进措施。

(3)改善业务流程。业务流程是物流客户服务提供过程中各环节相互关系的写照,它涵盖了影响服务质量的绝大部分因素。改进服务质量应当实施有效的流程管理,不断地对业务流程进行审查,必要时对业务流程进行再造。

(4)改进服务方法。要通过倾听客户、员工、竞争对手以及公众的声音,了解客户习惯或喜欢的服务方式,并努力使之实现。

第八章
铁路物流信息系统

1. 何谓物流信息系统？其发展方向是什么？

答：物流信息系统是计算机管理信息系统在物流领域的应用，是通过对物流相关信息的加工处理来达到对物流、资金流的有效控制和管理，并为企业提供信息分析和决策支持的人机系统。

随着社会经济的发展、科技的进步，物流信息系统正在向业务活动的集成化、系统功能的模块化、信息采集的实时化、信息存储的大型化、信息传输的网络化、信息处理的智能化以及信息处理界面的图形化方向发展。

2. 物流信息系统的特点主要表现在哪几个方面？

答：(1)管理性和服务性。物流信息系统的目的是辅助物流企业的管理者进行物流运作的管理和决策，提供与此相关的信息支持。因此，物流信息系统必须同物流企业的管理体制、方法和风格相结合，遵循管理与决策行为理论的一般规律。为适应管理物流活动的需要，物流信息系统必须具备处理大量物流数据和信息的能力，具备各种分析物流数据的方法，拥有各种数学和管理工程的模型。

(2)适应性和可扩展性。物流信息系统应具有对环境的适应性，即在环境变化时，系统无须太大的变化就能适应新环境。一般认为，模块式的系统结构相对易于修改。当然，适应性强就意味着系统变化小，对用户来说自然方便可靠。

(3)集成化和模块化。集成化是指物流信息系统将相互连接的各个物流环节连接在一起，为物流企业进行集成化的信息处理工作提供了平台。物流信息系统的各个子系统的设计，应按照模块化的设计方法，遵循统一的标准和规范，以便于系统内部信息共享。各子系统遵循统一的标准开发功能模块，各功能模块开发完成后，再按照一定的规范进行集成。

(4)网络化。随着互联网技术的迅速发展，物流信息系统的设计过程中也广泛应用了网络化技术，支持远程处理。网络将分散在不同地理位置的物流分支机构、供应商、客户等连为一体，形成了一个信息传递和共享的信息网络，从而提高了物流活动的运转效率。

3. 简述物流信息系统的基本功能。

答：(1)信息采集。信息采集就是将以某种方式记录下来的物流信息系统的有关数据集中起来，并转化为系统能够接受的形式输入系统中。物流信息的采集是信息系统运行的起点，也是重要的一步。收集信息的质量(即真实性、可靠性、准确性、及时性)决定着信息时效价值的大小，是信息系统运行的基础。

(2)信息存储。数据进入系统之后，经过整理和加工，成为支持物流系统运行的物流信息，这些信息被暂时或永久存储，以供使用。

(3)信息传输。物流信息传输是指从信息源出发，经过一定的媒介和信息通道输送给接受者的过程。物流信息来自物流系统内外，又为不同的物流职能所用，因而克服空间障碍的信息传输是物流信息系统的基本功能之一。

(4)信息处理。物流信息系统最基本的目标是将输入数据加工处理成物流信息。收集到的物流信息大多是零散的、形式各异的，对于这些不规范信息，要存储和检索，必须经过一定的整理加工程序。信息处理可以是简单的查询、排序，也可以是复杂的模型求解和预测。信息处理能力的强弱是衡量物流信息系统能力的一个重要方面。

(5)信息输出。物流信息系统的目的是为各级物流人员提供相关的物流信息。为了便于理解，系统输出的形式应力求易读易懂、直观醒目，它是评价物流信息系统的主要标准之一。

4. 简述物流信息的特点。

答：(1)信息量大、分布广。由于物流系统涉及范围广，在整个供应链的各个环节及各种活动中均会产生信息，为了使物流信息适应企业开放性、社会性的发展要求，必须对大量的物流信息进行有效管理。

(2)信息动态性强。信息是在物流活动过程中产生的，货物流和信息流同时流动才能发挥信息的作用。在物流活动中，信息不断产生，且由于市场状况、用户需求的瞬息万变，物流信息也会随之迅速改变，因而信息的价值衰减速度极快。

(3)信息种类多。不仅在物流系统内部的各环节中会产生不同种类的信息，而且由于物流系统与其他系统(如生产系统、供应系统等)密切相关，因而在信息管理中还必须收集物流系统外的有关信息。

(4)信息的不一致性。信息在物流活动过程中形成，其产生和加工的时间及地点不一致，采集周期和衡量尺度不一致，具体应用方式也不一致。

5. 铁路 95306 系统主要功能包括哪些内容?

答:铁路 95306 系统主要功能包括“我要发货”、运输需求提报受理、全程物流综合服务、在途追踪、到达领货服务、综合信息服务、客户商务管理、客户投诉与建议、保价理赔管理等，全程采集从客户运输和物流需求，到装车、支付、途中运输、卸车、交付等货运信息，并实现与既有信息系统的信息交互，从而实现货运信息的全流程共享。

6. 铁路 95306 系统对外功能主要包括哪些内容?

答:铁路 95306 系统对外功能主要包括客户注册，阶段需求、旬方案、日需求提报服务，集装箱服务，综合物流需求提报，货物追踪，到达领货，电子支付，国联运单，建议投诉，客户信息维护，统计分析，权限管理等。

7. 铁路 95306 系统数字证书有何作用？用户证书信息变更或数字证书过期时，应如何操作？

答：铁路 95306 系统数字证书用于网络上的用户身份标识、数字签名验证，可签署铁路货运 95306 各类电子单证，具有法律效力。用户证书信息发生变更或数字证书过期时，应重新申请数字证书。

8. 何谓铁路 95306 系统外部用户？其数字证书如何管理？

答：铁路 95306 系统外部用户指托运人、收货人、专用线产权单位等路外单位和个人，其数字证书通过铁路 95306 申领，由中铁数字证书认证中心（简称"中铁 CA"）颁发，使用移动终端通过铁路 95306 手机客户端下载和使用。

9. 铁路 95306 系统运营条件管理模块可实现哪些功能？

答：铁路 95306 系统运营条件管理模块可实现运营条件提报、审核及公布全过程信息化，建立统一的运营条件数据字典，实现数据统计、查询、分析、共享等功能。

10. 铁路 95306 系统客户注册审核有何规定？

答：(1)个人客户和使用电子营业执照注册的非个人客户自助注册，由系统自动审核。

(2)使用非电子营业执照注册的非个人客户，应通过铁路 95306 上传企业营业执照、法人身份证、经办人身份证和委托书等资料原件扫描件，由铁路局集团公司负责审核。

(3)客户携带纸质资料到车站营业窗口，由车站代为注册的，车站代为录入相关信息、上传有关资料后，由客户签认账号注册信息确认单，车站留存。

11. 铁路 95306 系统运价管理模块可实现哪些功能?

答:铁路 95306 系统运价管理模块可实现运价项目发起、审核、发布全过程信息化管理,在保持既有线下流程不变的前提下,必须使用运价管理模块同步完成线上流程,线上流程要以附件形式上传文电和有关材料,作为流转依据。

12. 简述建设中国铁路网络货运物流平台的重要意义。

答:(1)物流平台广泛应用物联网、云计算、大数据、人工智能等先进技术,可快速扩大运力池,实现车货高效匹配,提高运输效率,降低物流成本,是物流领域新质生产力和平台经济的典型代表。

(2)通过建设铁路主导的物流平台,能够实现接取送达业务从“线下”到“线上”转型,实现接取送达价格市场化,促进铁公联运高效衔接,为铁路全程物流和物流总包业务发展提供支撑,提升经营质量和效益。

13. 中国铁路网络货运物流平台的主要功能包括哪些?

答:中国铁路网络货运物流平台主要功能包括信息发布、线上交易、汽运监控、费用支付、咨询投诉、在线评价、查询统计、数据调取、网上询价大厅、铁公全程追踪。

14. 接取送达业务办理需要哪些平台功能?

答:95306 平台提供接取送达需求提报、受理和全流程追踪等功能。货运生产相关信息系统提供汽车进出站、站内货物交接、汽车站内管理等功能。物流平台提供接取送达业务管理、与托运人和收货人交接货物等功能。

15. 铁路货运生产作业与管控平台涉及业务范围包括哪些?

答:铁路货运生产作业与管控平台分为生产作业、安全监控、货运管理三个功能模块。

(1)生产作业业务范围包括生产计划、进出货、装卸车作业、场站作业、专用线交接、口岸作业、货检作业、货损理赔等。

(2)安全监控业务范围包括作业全过程安全监控,各类设施设备数据统一接入、设备管理、设备与应用系统融合运用等。

(3)货运管理业务范围包括综合管理以及各类专业管理,满足生产作业资源管理,各类查询统计分析、台账报表及生产决策指挥需要。

16. 货运电子票据综合应用系统主要功能包括哪些?

答:货运电子票据综合应用系统主要功能包括统计分析、数据分析工具、应急处置、车站作业、货运票据查询、深化应用、字典服务、系统监控、大屏展示、日常考核、系统管理等。

17. 车站级货运站安全监控与管理系统应用功能主要包括哪几大模块?

答:车站级货运站安全监控与管理系统应用功能主要包括受理审核、生产组织、安全监控、物流服务、基础管理、经营管理六大模块。

18. 集装箱运输信息系统主要功能包括哪些?

答:集装箱运输信息系统主要功能包括发送管理、到达管理、支付管理、门检管理、站内管理、查询统计等。

(1)发送管理主要有安排空箱、站内装箱、检斤验货、配载、配装、按列装车、出线确认等。

(2)到达管理主要有入线确认、到达卸车、卸车计划、站内掏箱、卸车掏箱等。

(3)支付管理主要有领货通知和外交付。

(4)门检管理主要有出门、进门、特殊出门、特殊进门、进出门单。

(5)站内管理主要有装卸派班、装卸确认、站内搬移、分配箱位、扣修、送修交出、装卸作业单、专用线交接等。

(6)查询统计主要有装卸清单查询、回送回卸清单、到发登记簿、站外箱查询等。

19. 货运制票系统按照不同的业务功能划分为哪几个子系统?

答:货运制票系统按照不同的业务功能划分为车站联网制票(含结账管理)、数据服务与共享、计费径路管理、计费核算管理、价格参数维护、军运后付及货票信息综合应用等七个子系统。

20. 车站级铁路货检站安全监控与管理系统主要功能包括哪些?

答:车站级铁路货检站安全监控与管理系统主要功能包括接收列车到发计划和确报信息,集成货运安全各专业子系统数据,共享运输信息集成平台中各管理系统数据,复用货运安全各专业子系统功能,通过对相关数据的关联处理,实现货检主任(值班员)实时监控安全设备检测监控结果和现场货检动态,能够利用机检结果进行重点车自动标注,结合人工辅助添加标注工作重点,通过货检室计算机或手持机接受货检作业计划并传达给现场货检员,货检员检查整理后即时反馈作业信息,向铁路局集团公司即时传输货检作业相关数据,接收铁路局集团公司转发的业务管理数据和督办通知,查询互保区段车站货检信息,对货检作业有关信息进行综合统计分析,对作业人员、班组进行考核评价。

21. 铁路货运计量安全检测监控系统主要由哪两部分组成?

答:铁路货运计量安全检测监控系统主要由计量安全检测设备和联网应用软件组成。

(1)计量安全检测设备。计量安全检测设备是对货车、集装箱进行科学计量及安全检测,确保行车安全的重要设备,主要包括轨道衡、超偏载检测装置、汽车衡、装载机电子秤、铁道车辆轮重测定仪、平台秤、吊钩秤等。

(2)联网应用软件。铁路货运计量安全检测监控系统联网应用软件可分为车站级系统、国铁集团/铁路局集团公司级系统两大类。

22. 危险货物运输安全管理及监控系统主要功能包括哪些?

答:(1)统计分析。

(2)受理查询。

(3)货物追踪。

(4)剧毒品跟踪。

(5)规章文电。

(6)办理限制。

(7)自备车(箱)。

(8)应急救援。

(9)试运管理。

(10)综合管理。

(11)品名检索。

23. 铁路保价运输管理系统主要功能包括哪些?

答:(1)保价业务及营销管理。

(2)保价资金收支管理。

(3)代理货运保险管理。

(4)货物损失处理业务。

(5)施封锁管理。

(6)货物损失统计分析。

(7)综合统计分析。

(8)字典维护。

(9)设备管理。

24. 铁路国际联运无纸化通关及数字口岸系统主要功能包括哪些?

答:铁路国际联运无纸化通关及数字口岸系统实现铁路整车、集装箱进出口联运作业管理相关功能,主要功能包括出口国联运单提取校核、出口查验管理、出口货物交接单管理、出口车辆交接单管理、出境工作人员管理、进口国联运单翻译录入、进口取单管理、进口查验管理、过磅小票管理、商务记录管理、普通记录管理、进口国联运单变更、进口国联运单受理、口岸换装作业、进出口舱单海关共享服务、进出口运输工具海关共享服务等,整合发站联运信息、口岸铁路作业、进出口报关等信息,实现与既有信息系统的信息交互,从而实现联运信息的全流程共享。

第九章　铁路物流总包

1. 铁路物流总包业务是指什么?

答:铁路物流总包业务是指铁路运输企业利用铁路网络优势,整合社会物流资源,以合同约定的方式,承接客户综合物流服务需求,为客户提供运输、储存、装卸、搬运、包装、流通加工、配送、信息处理及物流金融等定制化的综合物流服务或部分物流服务。

2. 物流总包业务的服务对象是谁?

答:物流总包业务主要为生产制造及商贸物流等企业服务。

3. 哪些货物开展铁路物流总包业务,必须符合国家价格政策有关规定?

答:纳入中央定价目录的整车煤、石油、粮食、化肥开展铁路物流总包业务,必须符合国家价格政策有关规定。

4. 铁路物流总包业务的经营主体是谁?

答:铁路运输企业是铁路物流总包业务的经营主体,可由铁路局集团公司明确的具体执行单位、物流中心、物流公司、专业运输公司及其分(子)公司等组织实施。各专业运输公司应当发挥自身特色和网络优势,与铁路局集团公司互相配合,合作开展物流总包业务。

5. 物流中心如何开展铁路物流总包业务?

答:物流中心开展铁路物流总包业务主要以"一票制"方式收费、归口进账、全额上缴,按照物流业务作为主营业务的定位,根据国铁集团的有关规定,同步将物流总包等货运收入整体调整为物流服务收入。在国家价格政策范围内,铁路物流总包业务按照提供服务的内容,依据市场化原则,通过招投标、协商等方式确定相关服务价格,并依据合同核收服务费用。

6. 铁路物流总包业务如何运作和管理?

答:铁路物流总包业务按项目制运作、合同制管理。铁路运输企业应当根据客户需求制定物流总包解决方案,统筹协调铁路和社会物流资源,签订物流总包合同,协调处理相关问题,盯控项目全过程质量。

7. 铁路运输企业应如何做好物流总包业务项目开发阶段的工作?

答:项目开发阶段,铁路运输企业应当积极面向市场,充分做好市场调查,与企业建立沟通渠道,开展客户需求调研、项目选定、业务洽谈、物流方案制定、项目前置审批、标书制作、投标及中标后的合同签订等工作。

8. 铁路运输企业开展市场调查有何作用?

答:铁路运输企业通过市场调查,能够掌握区域经济政策、产业布局、物流市场现状及发展趋势,了解客户企业原材料采购、产成品外发、仓储包装等需求,摸清客户企业现有生产流程、销售流向及数量、经销模式、物流组织模式及存在问题、竞合企业等情况,建立健全物流市场基础信息库和客户档案库,动态更新,形成市场培育的长效机制。

9. 铁路运输企业应如何选定目标企业和项目?

答:铁路运输企业应当在市场调查的基础上,对客户企业物流需求、竞争状态、价格水平、项目可操作性以及有关专业资质条件等情况进行分析评估,利用各类营销渠道,通过客户招标信息、主动寻找对接等方式,有针对性地选定目标企业和项目。

10. 铁路物流总包解决方案应包括哪些内容?

答:铁路物流总包解决方案应当包括需求分析、运量(业务量)

预测、时限要求、服务内容(运输方案、仓储方案、接取送达方案等)、质量保障、总包价格、费用结算方式、成本效益分析、风险保证金与违约责任、信息服务等内容。

11. 铁路经营主体与客户如何签订物流总包合同?

答:物流总包项目中标或达成合作意向后,由铁路经营主体与客户签订物流总包合同。项目合同签订遵循依法合规、权责对等、诚实守信等原则,按合同管理办法签订合同。合同内容可使用招标方的格式合同,并协商明确价款金额、票据开具、发票种类、费用结算、保价保险、信用条件、信用期限、违约责任及货损货差赔偿机制等内容,对服务质量、运到期限、全程信息、赔偿标准等主要指标进行约定。约定的内容应当符合国家法律法规和国铁集团相关规定和标准。

12. 如何推进"总对总"物流总包项目?

答:国铁集团货运部与生产制造及商贸物流等企业协商推进"总对总"物流总包项目,可根据客户需求和所属单位优势,协调铁路局集团公司或专业运输公司统一负责"总对总"物流总包项目。

13. 铁路物流总包项目实行编号管理的规定是什么?

答:铁路物流总包项目实行全路统一编号管理,按 9 位编码。

第 1 位字母为项目性质:A 类为"生产制造企业"项目(包括生产制造企业自有的物流公司),B 类为"生产制造企业以外的其他企业"项目。第 2～3 位数字为铁路局集团公司、专业运输公司代码,具体如下:哈尔滨局集团公司 01,沈阳局集团公司 02,北京局集团公司 03,太原局集团公司 04,呼和浩特局集团公司 05,郑州局集团公司 06,武汉局集团公司 07,西安局集团公司 08,济南局集团公司 09,上海局集团公司 10,南昌局集团公司 11,广州局集团公司 12,南宁局集团公司 13,成都局集团公司 14,昆明局集团公司15，兰州局集团公司16，乌鲁木齐局集团公司17，青藏公司18，集装箱公司①19，特货公司②20，快运公司21。第4～5位数字为铁路运输企业下属单位代码，由铁路运输企业自定。第6～9位数字为顺序号。

14. 铁路物流总包项目的哪些信息需在信息系统中维护？

答：铁路物流总包项目的编号、客户名称、协议运量、发站、到站、托运人、收货人、货物名称、合同文本扫描件或电子合同等信息，由经营主体相关人员在信息系统中维护。铁路运输企业货运部门审核，国铁集团货运部确认后纳入项目库。

15. 铁路运输企业如何运作物流总包项目？

答：铁路运输企业应当制定物流总包运作方案，组织好铁路运输及其他方式运输，提供合同约定的其他物流服务，并对项目进行全程盯控，随时掌握项目进展情况，持续维护客户关系，及时反馈运作中的突发问题并及时协调相关部门处理，确保项目运作质量。

16. 如何办理物流总包项目中的铁路运输业务？

答：物流总包项目中办理铁路运输业务时，托运人、收货人根据物流总包合同确定。托运人通过中国铁路95306网，使用铁路货物运单，在铁路货物运单中托运人记事栏标注“物流总包”货物运输标准记事，同步标记“物流总包”运输特征，95306网自动将标准记事和运输特征传给相关生产管理信息系统，确保优先办理。

物流中心以铁路托运人身份组织运输时，由所属95306货运服务中心统一办理计费制票、费用收缴，按合同全额纳入运输收入管

---

① 为中铁集装箱运输有限责任公司的简称，下同。

② 为中铁特货物流股份有限公司的简称，下同。

理,根据货票系统中物流总包作业项目有关明细单确定价税。铁路运输承运企业如果是国铁企业、控股合资铁路或办理直通运输的非控股合资、地方铁路,铁路货物运单和运费杂费收据仅是铁路运输运量统计、收入列账和清分、发票开具等内部管理环节的依据。铁路运输承运企业如果是没有办理直通运输的非控股合资铁路公司、地方铁路,非直通运输段按现有模式办理。

专业运输公司及其分(子)公司组织实施的物流总包业务,仍按现有模式办理铁路运输业务。

17. 铁路物流总包项目费用如何确定?

答:铁路运输企业应当根据服务内容和市场状况,综合考虑各项服务费用标准,各费用通过货票系统中物流总包作业项目有关明细单确定,并按规定结账。物流总包项目涉及铁路运价浮动时,须进行运输成本和收益分析,按现行运价浮动政策执行,严禁出现“两端挤中间”。物流总包业务中铁路运输承运企业和提供服务企业可按照货运清算单价协商机制指导意见协商清算单价浮动,提升铁路货运经营效率和效益,促进铁路运输企业良性竞争。

18. 物流总包项目涉及的铁路运输货物如何配置运力?

答:物流总包项目涉及的铁路运输货物,按照国铁集团有关规定配置运力。铁路局集团公司在承运、沿途运输、交付过程中应当重点组织。

物流总包项目遇铁路运输时限无法保障时,项目组应当主动采取措施,按合同约定可利用其他运输方式完成物流服务,确保项目实施和合同兑现。确因客观原因无法实现合同目的的,应当与客户企业积极协商,变更或解除合同并承担相关责任。

19. 物流总包项目承揽单位如何跟踪项目全程运行质量?

答:物流总包项目承揽单位负责跟踪项目全程运行质量,发现运力保障、运到时限、全程物流组织等方面问题，或有重点确保运输质量的需求时，报铁路局集团公司 95306 货运物流服务中心。95306 货运物流服务中心及时与铁路局集团公司调度所沟通，需要跨局协调的问题和需求分别报国铁集团货运部和调度中心。

20. 如何选用物流总包项目运输方式？

答：物流总包项目运输应当优先采用铁路运输方式，如通过公路、水路等其他方式运输的，铁路运输企业应当积极整合铁路和社会运输资源，建立合作企业名录和合作机制，制定其他运输方式实施办法，加强运输结合部管理和过程控制，并取得增值税专用发票等票据。

21. 铁路运输企业应当如何做好货物仓储服务？

答：铁路运输企业应当充分利用不同类型的仓库及堆场，满足从约定地点接收货物至装车前，以及货物卸车后至送达约定地点前的货物仓储活动需求，并根据不同品类货物的物流需求特征为各类货物提供良好的服务，包括货物保管、理货组货、库存管理、集拼、拆零拣选、分拨配送、仓配一体、掏箱入库、出库装箱等。

22. 铁路运输企业应如何提供物流总包项目包装服务？

答：铁路运输企业依据项目需要，提供包装服务。根据货物的性质、规格、存储及装载要求等条件，使用符合运输要求、便于装卸搬运的包装形式对货物进行外部防护，或将散装货物转变为适合“干仓配”作业的组合包装单元。

23. 铁路运输企业应如何拓展与物流总包服务企业的合作范围？

答：铁路运输企业应当积极拓展与物流总包服务企业的合作

范围,根据客户供应链运作需要,提供货物分包、分割、计量、分拣、分类、刷标志、拴标签、组装等通用性流通加工服务和专业定制化流通加工服务。

24. 铁路运输企业应如何补强短途运输能力?

答:铁路运输企业应当充分利用自身配送资源和铁路物流网络平台,并可通过洽谈、询价、招标等多种方式优选社会运力资源,补强短途运输能力,拓展便捷服务网点。根据物流总包合同要求,确定相关配送服务方案,按方案组织实施,按时送达客户指定地点。

25. 铁路物流总包项目组应当如何为客户提供及时准确完整的信息服务?

答:铁路物流总包项目开展过程中,项目组应当整合有关各方信息,跟踪掌握物流总包项目动态和数据,与客户建立信息沟通渠道,为客户提供及时准确完整的信息服务。

26. 如何做好铁路物流总包项目运作风险防控?

答:铁路物流总包项目正式运作前,铁路运输企业应当组织项目风险分析研判,做好风险识别和风险防控应对预案,提高防范风险能力。项目运作过程中,应当组织阶段性评估,及时掌握客户生产、经营、销售、资金等情况,规避相应风险。物流总包项目运作过程中出现的各种风险问题,应当实施快速反应,启动应对预案,采取补救措施,及时向客户反馈信息。

27. 物流总包项目风险主要种类包括哪几项?

答:(1)因不可抗力带来的风险;

(2)运到逾期和配送延时风险;

(3)错发错运责任风险;

(4)货物损失赔偿风险；

(5)与分包商之间产生的违约风险；

(6)客户诚信或内部操作质量问题带来的资金风险；

(7)与社会公众之间可能产生的责任风险及舆情风险(如环境污染、交通肇事等)等。

28. 根据防范风险的不同需要，铁路运输企业如何进行风险防范？

答：根据防范风险的不同需要，铁路运输企业可选择铁路保价、铁路保险服务等进行风险防范。铁路保价服务由铁路运输企业依据有关规定办理；铁路保险服务由中国铁路财产保险自保有限公司与铁路运输企业按相关要求办理，按项目制定保险方案。

29. 客户提出合同违约赔付时，物流总包项目组应当如何处理？

答：客户提出合同违约赔付时，项目组应当按照合同条款，判明违约责任主体，提出具体处理意见，由铁路运输企业物流总包项目审批部门审定后及时赔付。属于客户方责任的，按照相关法律规定和合同约定处置。

30. 铁路运输企业应如何做好物流总包业务统计分析？

答：铁路运输企业应当建立健全物流总包业务统计分析制度，从物流总包项目数量、运输方式、货物品类、发送量、价格组成、收支利润、盈亏等维度进行统计分析。

31. 铁路运输企业应如何对物流总包项目进行评价？

答：铁路运输企业应当建立物流总包项目评价机制，对项目推进情况进行跟踪分析与评价，根据风险情况对项目提出继续、预警、中止、退出等建议，相应执行应对预案，对外包业务供应方进行评价，采取有效措施提高物流服务水平。

32. 铁路运输企业应如何加强物流总包工作质量的监督检查?

答:铁路运输企业应当以项目开发、项目管理、项目执行、项目评价等关键环节为重点,按依法合规、实事求是、客观公正的原则,加强物流总包工作质量的监督检查。监督检查应当采取定期和专项检查相结合的方式规范开展,对发现的问题及时提出整改意见,并督促整改落实。

第十章
铁路物流金融服务

1. 开展铁路物流金融服务的目的是什么?

答:为落实国家关于做好交通物流领域金融支持与服务的要求,降低企业融资成本和社会物流成本,促进铁路货运提质增能创效,推动铁路现代物流发展,国铁集团与金融机构合作,在开展数据交互、提供物流服务的基础上,协助金融机构推出基于铁路运输数据和运输单证、面向铁路货运客户的专项金融服务(简称铁路物流金融服务)。

2. 铁路货运物流领域开展金融服务涉及的铁路运输单证主要包括哪些?

答:铁路货运物流领域开展金融服务涉及的铁路运输单证主要包括铁路电子运单、铁路国际联运运单、铁路电子提单、铁路多式联运运单。

3. 铁路物流金融服务主要包括哪几类服务?

答:铁路物流金融服务主要包括铁路运费贷服务、贸易结算服务、铁路单证融资服务。

4. 什么是铁路运费贷服务?

答:铁路运费贷服务是指银行为铁路货运客户定制专项贷款服务,由货运 95306 平台依据客户授权向银行提供历史发货数据,银行向客户提供额外增信额度和优惠利率,用于向铁路收款账户定向支付运杂费。

5. 铁路运费贷分为哪两类?

答:铁路运费贷分为大中型企业运费贷、小微企业运费贷。大中型企业和小微企业的判定标准依据国家有关办法,由申请企业向金融机构咨询确定。

6. 什么是信用证结算服务?

答:信用证结算服务是通过承托双方约定运输条件和铁路货运95306平台等系统控制,银行为铁路货运客户提供以国内铁路电子运单、国际联运纸质运单为付款凭据的服务。采购方根据自身信用可以用低于货款的保证金在银行开立信用证,减少资金占用;销售方可通过申请应收账款融资等其他金融服务,加速资金回笼。

7. 贸易结算服务以哪些单证为结算和融资凭证?对单证有何要求?

答:贸易结算服务以金融机构认可的铁路电子运单、铁路国际联运运单、铁路电子提单、铁路多式联运运单为结算和融资凭证。铁路运输企业签发电子单证和纸质单证均需确保真实性、唯一性,并通过相关信息系统卡控协助贸易双方保障物流权益。

8. 什么是铁路单证融资服务?

答:铁路单证融资服务是指为帮助铁路客户盘活存货、增加融资渠道,银行为铁路货运客户提供铁路电子提单及其项下货物的质押融资信贷产品,客户可将具有唯一提货权的铁路电子提单通过铁路货运95306系统向银行申请出质,并通过区块链等信息技术实现单证流转及各方信息共享。

9. 铁路单证融资可以什么为质押单证开展融资?

答:铁路单证融资可以提单、仓单及其项下货物为质押单证开展融资。对铁路运单、多式联运运单,可与金融机构合作,共同探索开展质押融资的法律基础和实现路径。

10. 铁路物流金融服务的申请原则是什么？

答：铁路物流金融服务由客户自愿申请，不得强制客户选择铁路物流金融服务及特定金融机构。

11. 如何办理铁路运费贷？

答：(1)授信。小微企业可以通过铁路货运 95306 申请，也可以通过与铁路合作的金融机构申请，大中型企业还需在金融机构线下办理相关资质审核。

(2)支取。企业向银行申请铁路运费贷授信额度，银行授信后，可以支取到企业的银行账户。

(3)使用。企业产生运杂费或交纳货运预付款时，可以通过 95306 网银支付、银行转账及其他便捷支付方式办理支付。

(4)退款。铁路运费贷融资资金支付铁路运杂费或预存预付款后，需办理退款的，各铁路局集团公司按照原资金来源渠道，按既有规定办理退款。

12. 以铁路电子运单作为国内信用证跟单凭证的，如何办理信用证结算？

答：以铁路电子运单作为国内信用证跟单凭证的，托运人、收货人均需为铁路货运 95306 注册客户。托运人提报铁路货物运输需求时，应选择铁路货物运输电子运单，不可选择纸质运单。办理向银行的交单时，托运人在货运 95306 平台勾选相应的电子运单并填写信用证号和受益人，完成信息推送；托运人撤单需经银行审核退回。电子运单向银行推送后，铁路不受理托运人提交的取消托运和变更收货人、到站、卸车地点申请。铁路货运 95306 对向银行推送的电子运单添加“开立信用证”标识，并实现对托运人提报取消托运或运输变更申请的自动卡控。

13. 以纸质运单作为国内信用证跟单凭证的，如何办理信用证结算？

答：以纸质运单作为国内信用证跟单凭证的，纸质运单（国际联运及多式联运运单）签发前，缔约承运人需与参加运输的各承运人签署协议，共同认可运输规则，共同做好信息系统卡控和单证防伪等风险防范措施。

14. 以中老铁路国际联运纸质运单作为国际信用证跟单凭证的，如何办理信用证结算？

答：以中老铁路国际联运纸质运单作为国际信用证跟单凭证的，托运人需在中老国际联运纸质运单的“发货人声明”栏注明信用证单号及“不变更收货人、到站”字样，并向缔约承运人提交不取消托运，不变更收货人、到站的承诺书。

15. 铁路物流企业作为国内运输和国际联运全程代理的，如何办理信用证结算？

答：铁路物流企业作为国内运输和国际联运全程代理，并以自方作为托运人及收货人实现全程控货，为客户提供提单作为信用证跟单凭证的，按既有业务流程办理。

16. 办理铁路电子提单及其项下货物质押融资有何要求？

答：提单签发主体应为中铁集装箱公司或铁路局集团公司所属物流企业。质押融资中，货物品类是否符合要求由金融机构审批，货物品质的检验及价值确定由金融机构或其委托的第三方承担。

办理质押融资的各类单证均需进行电子签章、签发电子单证。提单签发主体可使用 95306 平台或自有单证平台签发提单，自有单证平台签发的提单需将相关信息推送至铁路货运 95306 并保证提单流转及提单状态信息与 95306 实时同步，由 95306 与金融机构等相关各方统一进行信息交互。

提单签发主体开展此项业务时，应严格遵守铁路货物运输相关规定，并通过区块链、物联网等信息技术防范单证伪造、一单多押、货物与单证不符等风险，与客户及银行签订协议明确各方权责、风险防范措施和处置办法，必要时应办理相关保险。

不得先签发提单再接收货物，不得将同一批货物二次签单。未办理质押融资前，确需重签提单的，需先作废已签发提单；已办理质押融资的，需客户先解除质押融资后才能重签。

提单质押由签发主体提供控货服务、承担控货责任，各铁路局集团公司按照既有铁路货物运输相关规定承运。

17. 如何做好铁路物流金融服务营销宣传与客户服务？

答：(1)各铁路局集团公司、集装箱公司应加强组织领导，做好铁路物流金融营销宣传和客户服务，建立激励机制。

(2)各铁路局集团公司、集装箱公司应建立与金融机构的日常沟通协调机制，会同金融机构及时解决客户业务办理中的相关问题。

(3)各铁路局集团公司、集装箱公司应加强营销、客服人员培训，确保相关人员熟练掌握物流金融业务规则和办理流程。

(4)各级货运营销客服人员应具备物流金融相关知识技能，及时准确解答客户业务咨询、受理投诉建议。要充分利用铁路货运95306平台，加强对客户办理物流金融业务的相关信息和业务过程的盯控，主动做好服务。

第十一章
铁路现代物流体系建设

1. 简述铁路现代物流体系建设的主要目标。

答:到 2025 年,基本建成供需适配、保障稳定、内外联通、多方融合、智慧高效的铁路现代物流体系,实现货运质量有效提升与运量持续增长。

(1)现代物流观念全面树立。

(2)现代物流服务保障作用显著提升。

(3)现代物流网络高效联通。

(4)现代物流经营机制基本建立。

(5)现代物流服务水平大幅提高。

2. 建设铁路现代物流体系实施产品品牌创建提质工程,主要包括哪几个项目?

答:(1)打造国内快捷物流品牌。

(2)打造铁海联运品牌。

(3)打造国际联运品牌。

(4)打造特色专业物流品牌。

3. 推进产品品牌创建提质工程,打造国内铁路物流品牌包括哪些举措?

答:(1)高铁快运。改造或新造 200 km/h 以上高铁快运动车组,开行高铁快运班列,在 160 km/h 动力集中动车组补充行包运输功能,服务中高端小件快运市场,在国内主要大中城市间提供“门到门”快运服务的品牌。

(2)多联快车。按照“干线铁路班列+两端集配”的组织模式,在内陆物流节点之间开行的,提供两端集配、仓储堆存等综合物流服务的多式联运班列。

(3)铁海快线。按照“干线铁路班列+海运+两端集配”的组织模式,在港口和内陆腹地间开行的,提供海运订舱、铁路箱下水、内陆港服务等综合物流服务的铁海联运班列，西部陆海新通道班列单列。

（4）西部陆海新通道班列。在北部湾等港口和西部地区等物流节点间开行的，提供海运订舱、铁路箱下水、内陆港服务等综合物流服务的铁海联运班列。

（5）大宗直达班列。对年运量 50 万 t 以上的均衡稳定货源，组织开行点到点、固定运行线的大宗货物直达列车。

4. 实施产品品牌创建提质工程，如何打造多联快车品牌？

答：以工业制成品、社会消费品、电商快递等批量货物主要集散地为节点，将时速 80(90)km 班列作为基础产品，稳步扩大时速 120 km、160 km 班列数量，加强与社会物流企业合作，形成“干线铁路班列＋两端集配”的多联快车组织模式，打造 500 km 内 1 天、1 000 km 内 2 天、2 000 km 内 3 天的快货物流圈。

5. 实施产品品牌创建提质工程，如何培育网络货运品牌？

答：以铁路快运班列网络为支撑，发展铁路主导的网络货运物流平台，助力打造多式联运产品品牌，引领多式联运发展。依托 95306 建设网络货运物流平台，以做强铁路两端集配业务为主，有效衔接铁公联运，吸引社会运力和司机入驻，推进集配业务社会化、价格市场化，降低全程物流成本。

6. 实施产品品牌创建提质工程，打造铁海联运品牌包括哪些举措？

答：（1）打造铁海快线品牌。瞄准全国近 3 亿标箱的港口吞吐量，围绕国内各大港口和内陆腹地打造“干线铁路班列＋海运＋两端集配”的铁海快线组织模式，构建以时速 80(90)km 班列为主、120 km 班列为辅的铁海联运网络，提升铁路集疏港比重。大力发展西部陆海新通道运输，提高铁海联运班列开行数量和覆盖面。

在新建宁波至金华铁路探索开行双层高箱班列。

(2)推进沿海港、内陆港联动发展。依托铁路货场建设内陆港,协调开通海关功能。将空箱提前集结到内陆港,方便客户就近提箱,压缩全程运输时限。组织铁路货场增加验箱、洗箱、修箱功能,建设海运箱还箱点。

(3)推进铁海业务协同发展。扩大铁路箱下水、海运箱上路业务,推动箱源互用。发展海运订舱业务,建立海运订舱中心。引导船公司签发铁海联运全程提单。深化与海关合作,开通铁海联运快速通关模式。协调国家有关部门扩大内陆启运港退税政策试点范围。

7. 实施产品品牌创建提质工程,打造国际联运品牌包括哪些举措?

答:(1)打造中欧、中亚、中老国际联运品牌。充分发挥中欧班列境内外协调机制作用,扩大全程时刻表中欧班列开行数量,继续优化中亚班列、中老国际货物列车等开行方案。

(2)丰富班列服务内容。促进跨境电商、冷链、商品车等新业务发展,提供定制化的物流解决方案,推进液体集装袋、电子施封锁等设备在沿线铁路的应用。

(3)加强境外经营能力建设。组织专业运输公司采取合资合作等方式增设境外还箱点,开展全程物流服务、回程货源组织工作,有序拓展国际经营网络。

(4)加强通道多样性建设。推动境外南通道中欧班列常态化开行,推进经公路口岸开行铁公联运进出境班列的新模式。

(5)加强口岸及后方通道能力建设。推动开辟铁路新口岸,加快推进既有口岸及后方通道能力扩能改造项目实施,协调周边国家铁路同步提升口岸能力。

(6)拓展国际包裹快运。利用跨境旅客列车行李车、快运柜等发展国际包裹快运业务。

8. 实施产品品牌创建提质工程，打造特色专业物流品牌包括哪些举措?

答:(1)发展农村物流。服务国家乡村振兴战略，落实支农惠农政策，因地制宜加强现代化乡村物流体系建设；适应农产品进城和工业品下乡需要，将有条件的铁路货场打造成城乡区域货源集结中心；开行乡村振兴班列，积极开展城乡间产销直通、对口帮扶、应季赶市等特色物流产品和服务。

(2)发展冷链物流。落实国家“十四五”冷链物流发展规划，利用冷藏车、隔热车、冷藏箱、隔热箱等装备，以冻肉、速冻食品、奶制品、果蔬为重点，组织开行铁路绿色冷链快车，提升冷链物流市场份额；利用高铁、行李车开展小件冷链快运业务，拓展高端冷链物流市场。

(3)发展商品汽车物流。加强与主要汽车厂商的深度合作，大力拓展新能源汽车运输、汽车进出口、汽车及零部件入箱等物流业务，进一步提升商品汽车运输份额。

(4)发展特种物流。服务于国家重点工程和国防建设需要，发展大件运输、工程物流、应急物流等业务。瞄准专业化细分市场，拓展钢材、化工品、液体货物等特种物流业务。

9. 推进物流装备系统创新工程，如何持续完善内贸箱装备体系?

答:(1)面向卷钢类货物，研发 20 英尺台架式卷钢箱。

(2)面向粮食等散堆装货物，研发顶开门集装箱。

(3)面向水泥、沥青，研发 20 英尺水泥、沥青罐式箱。

(4)面向冷链货物，研发 40(45)英尺柴电式、供电式等冷藏箱。

(5)面向液体危险货物、豆粕，在保证安全可控的前提下，研发罐式箱、通风箱。

(6)根据市场需求，研发其他系列 2 集装箱。

10. 建设铁路现代物流体系实施物流装备系统创新工程,主要包括哪几个项目?

答:(1)逐步建立 35 t 宽体箱多式联运体系。

(2)引导建立以铁路为纽带的托盘多式联运体系。

(3)发展定制化集装单元器具。

(4)发展谱系化集装箱装备。

(5)优化提升大宗货物车辆装备。

(6)发展快速化车辆装备。

11. 实施物流装备系统创新工程,如何逐步建立 35 t 宽体箱多式联运体系?

答:(1)持续投入符合国家标准的 35 t 宽体箱,作为铁路运输的主箱型,不断扩大市场适用范围。

(2)加强与内贸船公司、港口合作,改造或建造适合装载 35 t 宽体箱的船舶,协调港口推广适合 35 t 宽体箱的岸桥、港内拖车等设施设备。

(3)积极推进散货入箱,引领建立内贸集装箱多式联运体系,降低社会物流成本。

12. 实施物流装备系统创新工程,如何引导建立以铁路为纽带的托盘多式联运体系?

答:(1)大力发展带托运输,集中购置适合铁路运输的托盘,按项目制开展循环共用,扩大规模后逐步实现全路托盘共用。

(2)与国家标准相衔接,引导带动客户和社会物流企业选用铁路托盘,扩大市场适用范围。

(3)对带托运输提供支持,在铁路货场提供托盘存放、还取托盘等服务,吸引客户全程带托运输,逐步将社会化托盘共用体系引入铁路。

13. 实施物流装备系统创新工程，如何发展定制化集装单元器具?

答:(1)开发定制化集装单元器具。与研发生产机构、客户合作，开发周转箱、周转筐、集装袋、集装网、集装架等器具，将集装单元器具作为提供全程物流解决方案和发展合同物流的重要支撑。

(2)推进在全程物流中的应用。根据集装单元器具发展需要，会同客户对作业场站的装卸、搬运等配套设施设备进行适应性改造，推进集装单元器具全程运输。

14. 实施物流装备系统创新工程，如何发展谱系化集装箱装备?

答:(1)充分利用铁路限界尺寸和铁路车辆、公路挂车技术条件，发展大容积、大载重内陆箱。面向轻泡货物，研发 50 英尺大容积通用箱；面向啤酒、饮料、矿泉水、调味品等重质货物，研发 40 英尺大载重通用箱；面向粮食、塑料颗粒、焦炭等轻泡散货，研发 20(25)英尺大容积集装箱；面向汽车运输，研发 50 英尺汽车箱。

(2)丰富 35 t 宽体箱种类。研发台架式卷钢箱、顶开门箱、柴电式冷藏箱、供电式冷藏箱、水泥罐箱、沥青罐箱等新箱型。

(3)发展专业集装箱。面向危险货物运输需求，安全有序发展通风箱、罐式箱等，提高安全服务水平。

15. 实施物流装备系统创新工程，如何优化提升大宗货物车辆装备?

答:(1)开展通用敞车技术提升方案研究，采用防撞门框及嵌入式车门，提升装卸设备适应性及车门密封性。

(2)开展既有通用敞车车门及锁闭装置性能提升方案研究，避免额外捆绑门锁。

(3)为推进多式联运和大宗货物车辆共用,研发适应装载集装箱的新型敞车。

(4)开展适应更大牵引质量的重载货车及配套技术研究,提升车辆制动精准性及一致性,改善列车纵向动力学性能,提升重载运输安全性。

16. 实施物流装备系统创新工程,如何发展快速化车辆装备?

答:(1)为提高运输效率,研发换长小于 1.2 的集装箱平车。

(2)面向干线物流和电商快递市场,研发适合装载 50 英尺箱的 160 km/h 集装箱平车以及容积 200 m^3 以上的 160 km/h 棚车。

(3)开展既有棚车内壁及车门整治,优化新造棚车车厢和车门车窗设计,解决货物装载剐蹭撒漏问题。优化装卸工艺,改进装卸设备,防止装卸过程引起的车辆损坏。

(4)面向电商快递物流市场,研发高铁快运动车组,在 160 km/h 动力集中动车组中增加行李车功能。

17. 实施物流场站转型升级工程,统筹优化物流场站规划布局包括哪些举措?

答:(1)优化完善既有铁路物流基地发展规划。聚焦铁路现代物流发展目标,以整体规划、分步实施、协同发展、高效衔接为原则,统筹优化铁路物流基地规划布局,全面支撑快捷物流、铁海联运、国际联运、特色物流等产品。

(2)新建基地科学选址。新建物流基地须积极对接国家交通物流规划、地方产业及城市规划,与港口、口岸、机场、工业园区、物流园区无缝衔接,满足近期需求,预留远期发展条件。

(3)优化整合既有小散弱货场。对地处城市中心发展受限的铁路货场,以及运量小、品类分散、区位不合理的铁路货场,与地方政府协调沟通选址新建,优化整合。

18. 实施物流场站转型升级工程，增强物流场站服务功能和服务能力包括哪些举措？

答：（1）提升品牌产品保障能力。适应品牌产品“稳、准、快”等需求，对场站规模、功能布局、设施设备、作业条件进行优化补强，满足作业能力和作业效率要求。推进铁路物流基地设施与海关、港口等设施的无缝衔接，加强海关监管区建设，推进“港站一体化”。

（2）完善物流服务功能。根据物流经营业务需要，完善场站物流设施设备，拓展仓储、堆存、配送、流通加工、仓单质押等物流延伸服务功能。

（3）提升公铁联运能力。加强与公路枢纽衔接，优化场内作业流线，方便各种公路货车通行，提升公铁间货物转运能力。

19. 建设铁路现代物流体系实施运输组织优化提升工程，主要包括哪几个项目？

答：（1）加强快运班列能力保障。

（2）推行快运班列客车化开行。

（3）建立全程时限保证机制。

20. 实施运输组织优化提升工程，如何加强快运班列能力保障？

答：（1）强化运力保障。统筹考虑能力紧张区段的客货运输能力安排，对有稳定市场需求、市场效益较好的货运产品，在快运班列运行线铺画、运输组织等方面优先安排。对运输需求潜力大、运输能力不能满足的重点线路、枢纽、场站，及时安排项目改造，推进“联网、补网、强链”项目，提升运输保障能力。

（2）确保产品稳定。优先保证快运班列能力，提高班列开行品质，以方案稳定、时效稳定、服务稳定的班列品牌提升快捷物流市场竞争力。

21. 实施运输组织优化提升工程，如何推行快运班列客车化开行？

答：(1)按照客车化开行模式，编制快运班列车站到车站的全程运行时刻，明确终到站货物入线前停留时间标准，及时安排调车机车取送货车，解决“前后一公里”运输时效问题。

(2)对有特殊时效需求的货物，组织开行定制化快运列车。

(3)完善快运班列机车机班安排、技术检查作业等保障措施，确保满足客车化开行要求。优化机车换挂方案，减少列车进编组站的次数和停留时间。

22. 实施运输组织优化提升工程，如何建立全程时限保证机制？

答：(1)实行物流组织集中统一指挥。配齐国铁集团、铁路局集团公司及专业运输公司、物流中心三级物流调度体系，加强运力保障、运到时限、班列正晚点、全程物流组织、集装化调度、托盘调度等工作，统一纳入调度指挥体系，对运输生产和物流服务实行一体化组织、全过程管理，全面兑现服务承诺。

(2)严格执行按图行车，落实取送车时间标准，参照客车正晚点考核办法，建立覆盖快运班列始发终到、途中运行等环节的正晚点和货物入线前停留时限超时的分析、监督、考核机制，纳入“铁路运输组织考核办法”。

23. 建设铁路现代物流体系实施物流经营改革创新工程，主要包括哪几个项目？

答：(1)优化现代物流组织体系。

(2)深化现代物流财务体系创新。

(3)实行市场化价格调整策略。

(4)大力发展物流总包业务。

(5)在物流领域推进金融服务试点。

(6)开展对外合资合作。

(7)建立现代物流指标评估制度。

24. 实施物流经营改革创新工程,如何实行市场化价格调整策略?

答:(1)建立健全覆盖主要物流节点之间的货运市场运价监测体系,深化分析应用,为铁路货运市场化定价提供基础支撑。

(2)结合新装备研发,根据合理比价关系,及时确定新车型、新箱型基础运价并动态优化,加大对货运新装备的引导支持力度。

(3)组织铁路运输企业对集装化运输实行差异化定价,优化装卸费率策略,促进运输集装化发展。

(4)优化班列等快捷物流产品定价,通过按车计费、不分品类统一价率等方式,鼓励轻重配装。

(5)扩大铁路局集团公司的“白货”运价自主定价权限,积极拓展“白货”市场份额。

(6)优化仓储及设施设备租占用等市场化收费,加强与周边区域市场合理衔接,提高货运资源利用效率和效益。

25. 实施物流经营改革创新工程,如何大力发展物流总包业务?

答:(1)铁路运输企业要充分发挥自身优势,强化市场调查,对接客户需求,明确目标市场,加大货源开发力度,设计物流总包解决方案,提高合同物流承揽和全程物流组织能力。

(2)根据业务需求,按照对外实现市场定价、一次收费,对内按市场化经营的思路,从财务预算管理、收支核算、发票开具等方面围绕业务开展做出调整,并将物流中心开展物流总包业务收入全额纳入运输主业核算。

(3)深植契约精神,大力推行合同制运输,按照市场规则办事,树立合同意识,履行合同责任,强化合同兑现,树牢铁路诚信形象,增强客户黏性。

26. 实施物流经营改革创新工程，如何在物流领域推进金融服务试点？

答：(1)推进物流金融、供应链金融在铁路货运物流中的应用。与银行、保险等金融机构深入合作，通过大数据挖掘，协助金融机构为货运客户提供融资服务。

(2)基于铁路企业有限控货，深化区块链、数字仓、物联网等信息技术应用，升级完善货运相关信息系统，探索发掘铁路运单、仓单、全程物流提单的物权属性，为客户在贸易结算、质押融资中提供增值服务。通过优化服务品质，加强客户黏性，增加货运运量，提高货运收入。

27. 实施物流经营改革创新工程，如何开展对外合资合作？

答：(1)组织铁路运输企业与港口、船公司、生产制造和电商快递等企业及地方平台公司合资组建多式联运经营公司，发挥各方的资源优势，推进多式联运增量。

(2)铁路运输企业要进一步转变观念，着力推动与生产、商贸和物流企业融合创新、协同发展，优化合作模式，完善经营网络，拓展经营范围。

28. 推进物流信息数智改造工程的重点任务是什么？

答：(1)打造数智化物流场站。

(2)建成铁路物流金融应用。

(3)建设多式联运数据交换平台。

(4)完善货运 95306 平台功能。

(5)深化货运管控平台应用。

29. 建设铁路现代物流体系实施物流信息数智改造工程，主要包括哪几个项目？

答：(1)提升数智化服务水平。

(2)增强数智化经营能力。

(3)推进物流场站和设备设施数智化。

30. 实施物流信息数智改造工程,如何提升数智化服务水平?

答:(1)不断拓展95306平台网上业务办理范围,完善班列订舱等铁路全程物流网上办理相关功能,优化网上业务办理流程,提升网上业务办理效率,打造一站式、一体化的物流服务平台。

(2)完善电子支付服务,在既有网银转账的基础上,探索便捷多样的支付方式。协调国家有关部门加快推进货运电子发票开发和实施工作,提供电子发票服务。

(3)深化国际联运数据交换应用,推进与周边国家的电子签名互验,推行国际联运无纸化运输,优化口岸交接组织模式。

31. 实施物流信息数智改造工程,如何增强数智化经营能力?

答:(1)依托95306平台、货运生产作业与管控平台,汇集内部生产、外部服务等全面数据,开发大数据挖掘、智能分析、监测预警、辅助决策等功能,强化数据和模型融合驱动的智能决策支持。

(2)强化货运集中办理支撑,完善货运内外勤信息交换机制,提升协同作业效率,提高数智化管理效能。

(3)推进与港口、船公司、专用线、大客户的数据交换,推动多式联运流程再造和先进产业的深度融合。

32. 实施物流信息数智改造工程,如何推进物流场站和设备设施数智化?

答:(1)加快铁路货运生产作业与管控平台建设和应用,推进货运生产作业各项数据贯通,进一步优化货运作业流程,强化对货运作业各环节的实时掌控,合理分配资源,有序作业,高效服务。

(2)围绕铁路货场的装卸搬运、集装器具、安全防护、检测监控等设备数字化改造,提升物流装备现代化水平。

(3)升级集装箱运输信息系统,全面建成数字化集装箱场站,依托一、二级物流基地打造智能化场站,发挥对物流场站数智化升级的示范引领作用,全面提升场站管理水平、作业效率和服务质量。

33. 推进铁路现代物流营销体系建设,铁路局集团公司的营销职责是什么?

答:铁路局集团公司是物流营销的责任主体,负责组织落实国铁集团营销政策要求以及物流业务的专业管理、经营管理,对接地方政府、大型企业,承担核心、主要客户的“总对总”营销组织,实施国铁集团级和本级物流项目,制定本局物流营销策略,构建“网格化、板块制、项目制”营销体系,建设专业营销队伍,组织货运市场调查与监测,开发物流市场,开展物流总包,编制物流方案,设计物流产品,参加物流招投标,强化客户关系管理,盯控推进物流项目,完善营销激励考核、运输保障等配套机制,组织物流中心开展物流营销工作。

34. 推进铁路现代物流营销体系建设,物流中心的营销职责是什么?

答:物流中心是物流营销工作的具体实施主体,负责执行上级营销决策部署和目标任务,分板块、分区域、按项目组建营销团队,按照铁路局集团公司制定的货运营销方案组织产品开发、项目落实、方案兑现,开展物流市场开发、市场调查与监测、客户关系管理、物流总包、物流方案编制和营销信息反馈等工作,承担区域一般客户的营销组织,保障核心、主要客户稳量保量需求。

35. 推进铁路现代物流营销体系建设的重点任务是什么?

答:(1)实行营销市场网格化管理。

(2)推进物流营销板块负责制。

点企业对接，收集宏观经济、行业动态、市场形势等相关信息，加强市场监测与预测预警分析，提升市场监测的及时性、准确性。

40. 推进铁路现代物流营销体系建设，如何加强客户关系管理？

答：铁路运输企业是客户关系管理的责任主体，负责建立本单位客户关系管理制度，组织开展客户走访、调查、服务、评价等工作。物流中心是客户关系管理具体实施主体，直接面向客户营销，提供具体物流服务。铁路运输企业要运用数智化手段，建立客户档案、集团客户树，强化客户定期走访与日常联系，加强客户档案动态维护，做到一户一档、一企一册。对客户实行分级管理，按照贡献度、诚信度、忠诚度等指标将客户分为核心、主要、一般三个等级，制定差异化服务标准，探索为贡献突出客户提供铁路乘车绿色通道服务。

41. 推进铁路现代物流营销体系建设，如何强化物流营销信息化支撑手段？

答：整合 95306、货运生产管控等系统的功能，创建营销人员专属账号角色，提供相关货运信息查询功能，延伸开发营销信息录入、物流方案辅助设计等营销专用功能。开发全路物流营销业务沟通衔接功能，建立营销人员数据库，赋予统一营销工号，明确联系方式、负责区域和工作职责；搭建全路物流营销信息发布平台，全路共享发到端、跨区域营销信息，促成项目协同开发。推进物流项目管理信息化，实现需求发起、审核确认、推进实施、盯控维护、考核评价等全流程管理，具备项目监控预警、辅助决策等功能，提升铁路物流项目管理的数字化、智能化水平。

42. 加强现代物流人才队伍建设的重点任务是什么？

答：(1)科学确定队伍规模。

(2)动态优化队伍结构。

(3)多渠道强化教育培训。

(4)多层级开展实践交流。

(5)全方位完善考核激励。